Joachim Bröcher

Coaching als ästhetischer Prozess

Selbstgestaltung und Handlungserweiterung
im Beruf durch die Potenziale der Kunst

D1640867

ISBN 3-89906-662-6

© 2003 by Verlag videel OHG, Niebüll

http://www.videel.de

Alle Rechte liegen beim Autor.

Gesamtherstellung: videel, Niebüll

Titelbild: „Balkonzimmer", Adolf von Menzel, 1845; Alte Nationalgalerie, Berlin; Abdruck mit freundlicher Genehmigung des Bildarchivs Preußischer Kulturbesitz, Berlin.

Bibliografische Information der deutschen Bibliothek

Die Deutsche Bibliothek verzeichnet diese Publikation in der Deutschen Nationalbibliografie; detaillierte bibliografische Daten sind im Internet über *http://dnb.ddb.de* abrufbar.

Bibliographic information published by Die Deutsche Bibliothek

Die Deutsche Bibliothek lists this publication in the Deutsche Nationalbibliografie; detailed bibliographic data are available in the Internet at *http://dnb.ddb.de.*

Inhalt

Vorwort

Natürlich ließe sich in Menzels „Balkonzimmer" auch ein Geschehen inszenieren oder nachstellen, in der Art, wie es für die in diesem Buch dokumentierte Arbeitsweise typisch ist. Das Faszinierende an Menzels Werk ist jedoch das *Nichts an Handlung* und zugleich das Maximum an malerischer Offenbarung. Das Balkonzimmer stellt eine vollkommene Synthese von Licht, Stimmung und sublimem Farbschmelz dar. Man glaubt, den zarten Windhauch zu spüren, der durch die Tür hereinstreicht.

Um ein Buch wie das vorliegende zuende zu bringen, fand ich es hilfreich, mich ein wenig aus der Schnelllebigkeit der modernen Berufswelt sowie aus der Tyrannei der das heutige Alltagsleben bestimmenden Kommunikation zurückzuziehen, wenn auch – bedingt durch die Lebensumstände – nur für kurze Zeit. Ich wählte dafür die kleine Insel Procida, im Golf von Neapel gelegen, und mietete mich ein in einem alten Palazzo, aus der Zeit des Barock, ursprünglich einmal ein feudaler Wohnsitz, später dann das erste und älteste Hotel der Insel.

Die morbide Atmosphäre der hohen und hoch gelegenen, in die Jahre gekommenen Zimmer, durchaus vergleichbar mit der durch Menzel malerisch festgehaltenen Stimmung, der verfallene Garten mit den Limonenbäumen, die weiten Ausblicke auf das tyrrhenische Meer und hinüber nach Ischia, Capri und zum Vesuv, hatten schon Elsa Morante, die hier in den 50er Jahren logierte, zu ihrem großen Roman „l´ Isola di Arturo" inspiriert, ein Text, in dem „La Morante", wie man sie hier nennt, ein längst vergangenes Italien für alle Zeiten verewigt hat.

Doch Procida ist noch immer nicht in unserer Gegenwart angekommen, glücklicherweise. Nicht umsonst suchte ich diese, zu großen Teilen der Vergangenheit verhaftet gebliebene Welt auf, als Kontrasterfahrung, als Refugium. Ist es nicht so, dass sich durch das sinnliche Vergegenwärtigen des Vergangenen, die Strukturen des aktuellen, globalisierten und individualisierten beruflichen wie privaten Lebens in ihrer zeittypischen Ausformung erst erfassen lassen, nämlich aus der Distanz? Die grundlegenden menschlichen Daseinsthemen und Lebenskonflikte durchziehen zwar alle Epochen, doch ihre Einkleidung unterliegt jeweils zeitbedingten Variationen.

Ziel dieser Publikation ist, etwas von jenen Tiefenschichten an die Oberfläche kommen zu lassen. Was bewegt den modernen Berufsmenschen? Was sind seine Leiden? Und worin sieht er seine Chancen und Veränderungsmöglichkeiten? In der beratenden Arbeit mit berufstätigen Menschen, die sich in einem Prozess der Umorientierung oder Neuorientierung befinden, wird das Medium der Kunst und das Prinzip des Gestaltens und Umgestaltens als Erkenntnismittel verwendet.

Ich bedanke mich recht herzlich bei Sylvia Mandt für das Beisteuern von Ideen und Erfahrungen sowie das gemeinsame Durchführen von Workshops und Coaching-Sitzungen auf der Basis der in diesem Buch skizzierten Arbeitsweise. Meinem Sohn Jan danke ich für seine tatkräftige Unterstützung bei der Text- und Bildverarbeitung. Gedankt sei auch all jenen Menschen, die mich an den Höhen und Tiefen ihres professionellen Lebens teilhaben ließen, für ihr Vertrauen und für ihre Kreativität, für ihren Lebens- und Veränderungswillen. Letztendlich ist ihnen die Entstehung dieses Buches zu verdanken. Möge es vielen als Anregung dienen.

Joachim Bröcher, Procida, September 2003

Coaching und berufliches Erleben

Ursprünge des Coaching

Es haben sich in den vergangenen Jahren eine Reihe von Coaching-Ansätzen in Theorie und Praxis entwickelt.[1] Der Begriff Coaching entstammt, das ist inzwischen bekannt, der Welt des Managements. Doch bereits im 19. Jahrhundert gab es im angloamerikanischen Raum Coaching im Bereich von Wissenschaft und Sport. Der Begriff ist abgeleitet von *coach*, dem englischen Wort für Kutsche. Der *coachman*, der Kutscher also, der die Pferde lenkt und betreut, in der Kurzform nur noch *coach* genannt, gilt als intimer und vertrauter Solidarpartner für alle fachlichen und persönlichen Themen und Anliegen einer Klientin oder eines Klienten. Beim Einzel-Coaching *lässt sich ein Klient exklusiv von einem Coach betreuen. In dieser vertraulichen Zweierbeziehung können dann auch berufliche und persönliche Probleme und Konflikte bearbeitet werden.*[2]

Die Wurzeln des heutigen Coaching-Verständnisses liegen neben Sport und Unternehmungsberatung in Psychotherapie und Supervision. Coaching wird vor allem praktiziert als Beratung von Führungskräften in der Industrie. Ebenso wird Coaching in Anspruch genommen von Freiberuflern, aber auch von Menschen, die Schlüsselpositionen in sozialen Institutionen und Organisationen, also im Bereich des Sozialmanagements, einnehmen. Es handelt sich um eine Dialogform, in der alle beruflichen Belastungen, Konflikte und Krisen, aber auch das Bedürfnis nach beruflicher Veränderung und Weiterentwicklung ihren Raum bekommen. Coaching ist somit die *Begleitung von Schlüsselpersonen in Veränderungsprozessen.*[3]

Berufsbezogene Handlungspotenziale

Das grundlegende Ziel dieser Arbeit besteht in der Förderung von berufsbezogenen Handlungspotenzialen und Strategien des Selbstmanagements. Oftmals geht es um spezielle Leistungen, Projekte oder Veränderungen, auf die der Coach seinen Klienten vorbereiten soll. Besonders im Bereich des Sozialmanagements wird häufig das Ausbalancieren von Maßstäben der Effizienz und Rationalität mit ethischen und humanitären Zielsetzungen thematisiert. Ärzte und Pflegepersonal etwa in Krankenhäusern klagen über zu wenig Zeit für zu viele Patienten, über Personalabbau, zu viele patientenferne Aufgaben und schlecht organisierte Abläufe.

Soziale Einrichtungen, wie z.b. Schulen, sind oftmals hochinstitutionalisierte Systeme. Schulleiter und Lehrpersonal können sich nur innerhalb eng gesteckter Grenzen bewegen. Sie können lediglich eine von übergeordneten Instanzen vorgegebene Struktur ausgestalten. Anders als in unternehmerischen Kulturen, in denen es auf Kreativität, Risikofreude, Experimente, Innovationsbereitschaft, Effizienz und Erfolg auf dem Markt ankommt, folgt das Leben in den sozialen und pädagogischen Institutionen zumeist sehr eng gefassten, vorgegebenen Regeln. Leitlinien sind häufig wichtiger als neue Ideen. Anpassung und Stabilität sind hier Kernbegriffe. Es dominieren nach wie vor formale Ordnungen, auch wenn – wie im Falle der Schule - neuerdings soviel von Entwicklung, Autonomie, kollegialer Konzept- und Profilentwicklung usw. die Rede ist. Aus einengenden institutionellen Strukturen, Vorschriften, strukturell bedingten Konflikten[4] u.a. können sich insbesondere für Menschen, die sich in sozialen, pädagogischen, medizinischen oder therapeutischen Arbeitsfeldern engagieren, eine Fülle an Belastungen, Konflikten und Krisen entwickeln, wie ich sie weiter unten an Beispielen darstellen werde.

Selbstmanagement

Allen Berufstätigen, gleichgültig ob innerhalb oder außerhalb des sozialen Systems, ist gemeinsam, dass sie Verantwortung für ihr eigenes Handeln übernehmen müssen, indem sie ihre jeweiligen Ziele und Methoden professionell planen, umsetzen, reflektieren, verändern und erneut ansetzen. Hierzu gehört die Fähigkeit des Selbstmanagements, im einzelnen: Die eigene Arbeitszeit zu planen, angemessen viel Zeit und Aufmerksamkeit auf die verschiedenen anfallenden Aufgaben zu verteilen, sich selbst in seiner Berufswelt zu vernetzen, den für die eigene Person passenden Ort im sozialen Feld zu finden, diesen für sich zufriedenstellend und erfüllend auszugestalten, variable Beziehungen in der beruflichen Welt zu entwickeln und sich im Geflecht aller formellen und informellen Rollen nicht zu verfangen, d.h. sich selbst treu zu bleiben.

Auch Selbststeuerung und Selbstführung ist nötig, nämlich sich selbst mit Strenge und Geduld zu Leistungen zu veranlassen, Konflikte mit sich selbst und anderen konstruktiv zu regeln. Weiterhin ist es wichtig, sich in Selbstkontrolle zu üben, die eigene Arbeit zu evaluieren sowie auf die Reaktionen der anderen zu achten, ohne sich gleich verunsichern zu lassen, aber dennoch sich selbst gegenüber Rechenschaft abzulegen bezüglich der eigenen Wirkung, der eigenen Leistung, des eigenen Vernetztseins.

Wohlbefinden und Verwirklichung der eigenen Möglichkeiten

Hier ist einer der Ansatzpunkte von Coaching zu sehen, wie es von mir verstanden wird, nämlich die oben genannten Fähigkeiten zu entwickeln und das psychische wie physische Wohlbefinden am Arbeitsplatz zu fördern. Coaching versteht sich als Maßnahme zur Förderung eines ausgefüllten beruflichen Daseins. Die hier intendierten Bemühungen zielen auf maximale Verwirklichung der eigenen Möglichkeiten im Beruf. Insbesondere dort, wo diese Potenziale vorübergehend oder längerfristig verloren gegangen sind, sollen sie durch Coaching wieder verfügbar gemacht werden. Coaching findet immer in einem intimen Rahmen mit einzelnen oder kleinen Gruppen statt. So besteht die Chance, spezifische, situativ relevante fachliche, oftmals zugleich persönliche Fragestellungen mit einem einzigen Gesprächspartner zu verhandeln. Geht es um Gruppen, wird in der Regel wechselweise und exemplarisch an einer Thematik gearbeitet. Die Gruppenmitglieder übernehmen in diesem Prozess einerseits eine Hilfsfunktion für den Coach, indem sie etwa Ideen beisteuern oder Rückmeldungen geben. Zum anderen haben sie die Möglichkeit, das Gehörte, Gesehene und ansatzweise Nach-Erlebte auf ihre eigene Arbeitssituation zu transferieren.

Coaching, wie es hier verstanden wird, findet prozessual und thematisch entlang der aktuellen Berufstätigkeit statt. So wächst die Wahrscheinlichkeit und die Chance, dass das Erkannte oder Gelernte in den Beruf transferiert werden kann. Eine solche gemeinsame Arbeit setzt natürlich immer Freiwilligkeit und Interesse an der eigenen Entwicklung auf Seiten der Klientin oder des Klienten voraus.

Coaching und Supervision

Während in der stärker emotions- und beziehungsorientierten Supervision vor allem eine konstruktiv-kritische Auseinandersetzung mit den eigenen psychischen Anteilen stattfindet, die die Professionellen in die Interaktionen mit ihren Klienten oder Kunden oder in ihre Arbeitsbeziehungen in Schulen, Kliniken, Heimen, Beratungszentren, aber auch in Unternehmen und Organisationen hineintragen, fokussiert Coaching stärker den beruflichen Kontext und die sich aus diesem ergebenden inhaltlichen Schwierigkeiten. Wo aber

Supervision im allgemeinen auf die Förderung sozialer, e-motionaler, kommunikativer Kompetenzen zentriert bleibt, sucht Coaching auch fachliche Defizite, mit Blick auf das soziale oder pädagogische Feld etwa neue Methoden auf dem Gebiet der Kommunikation, der Beratung, der Therapie, der Didaktik, der Unterrichts- und Beziehungsgestaltung oder der Konzeptentwicklung, auszugleichen.

Zielt Supervision als prozessorientierte berufsbezogene Beratungsform auf die Förderung der Reflexion, Verarbeitung und Weiterentwicklung personaler und sozialer Fähigkeiten und Kompetenzen im Arbeitsalltag, stehen beim Coaching Aspekte im Vordergrund, die unmittelbar mit der beruflichen Rolle, etwa als Versicherungsmanager, selbstständige Bauingenieurin, Schulleiterin, Arzt, als Leiterin einer therapeutischen oder sozialpädagogischen Einrichtung, in Zusammenhang stehen.

Coaching ist eine *individuelle Beratungsform [...]bei personenbezogenen Problemen im Rahmen der Berufsrolle. Es beruht auf dem Lernpotenzial, das die dialogische Situation auf der Basis einer neutralen und klar vereinbarten Beziehung bereitstellt.*[5] Beide Ansätze, das heißt Coaching und Supervision, fließen in der Gegenwart jedoch zunehmend ineinander.

Leidensdruck und Leidenserfahrungen

„Ruhe. Lasst mich endlich in Ruhe! Immer wieder spürte ich diesen Impuls in mir." So seufzt ein erfolgreicher Bankmanager. „Eigentlich war ich früher immer ein geselliger Mensch, aber inzwischen nervt mich jeder Anruf, jeder Termin, jedes Gespräch." Viele im Bereich des Industrie- und Sozialmanagements tätige, aber auch selbstständig arbeitende Menschen, sind beruflich vereinsamt. Der Coach wird nicht nur vorübergehend zum Solidarpartner, sondern er kann auch bei der Regulation des Gefühlshaushaltes helfen. In dieser Arbeitsbeziehung können im Prinzip alle menschlichen Erfahrungen, die in Zusammenhang mit der jeweiligen Berufstätigkeit aufkommen, untergebracht werden.

Es existiert eine Vielfalt an Beunruhigungen, Krisen, möglicherweise gar psychischen Deformationen. Es kommt zur Ausbildung seelischer und physischer Symptome. Gefühle der Isolation können sich einstellen. Oftmals dominiert eine einseitige Lebensführung oder es wird Raubbau an der Gesundheit getrieben. Es kommt zu Arbeitsunlust oder Sinnkrisen. Häufig wird krampfhaft an unangemessenen Wertvorstellungen festgehalten, im sozialen oder pädagogischen Sektor etwa, allen helfen zu wollen und zu müssen.

Seit dem Beginn der neunziger Jahre, als sich Rationalisierung, Marktliberalisierung und Privatisierung regelrecht überschlagen haben, weisen Studien auf eine Zunahme an seelischen oder psychischen Belastungen in der Berufswelt hin. Eine Umfrage des Instituts für Arbeitsmarkt- und Berufsforschung (IAB) zeigte, dass mehr als fünfzig Prozent der deutschen Erwerbstätigen nahezu ständig unter extrem hohem Leistungs- und Termindruck arbeiten.

Sechs Millionen Menschen, das sind etwa zwanzig Prozent der Beschäftigten, machten deutlich, dass sie in ihrem Beruf quasi immer bis an die Grenze ihrer Leistungsfähigkeit gehen müssten. Der DAK-Gesundheitsreport 2002 machte innerhalb von vier Jahren eine fünfzigprozentige Zunahme an psychisch bedingtem Kranksein aus. Unternehmen, Organisationen und Institutionen werden flächendeckend zu Fabriken einer immer weiter fortschreitenden Stressproduktion. Die Weltgesundheitsorganisation WHO hat psychosomatische Erkrankungen zu einer der größten Gesundheitsgefahren des 21. Jahrhunderts erklärt.

Leistungsabfall

Viele Menschen befinden sich berufsbedingt in einer dauerhaften Anspannung. Hierdurch kann es zu Störungen in der intellektuellen Leistungsfähigkeit kommen, wie z.b. Konzentrations-, Gedächtnis- oder Wahrnehmungsstörungen, Denkblockaden, mangelnder Flexibilität im Denken, aber auch zu mangelnder Kreativität oder zu Fehlleistungen.

Kommunikationsprobleme

Ferner kann es aufgrund der Daueranspannung zu emotionalen Veränderungen kommen wie z.b. Gereiztheit, Aggressivität, Selbstüberschätzung, negative Bewertung anderer, innere Unruhe, Wut aufgrund des Gefühls der Hilflosigkeit usw. Vor diesem Hintergrund können sich folgenschwere Verhaltensänderungen herausbilden.

Der Mensch unter Daueranspannung reagiert vielleicht unaufmerksam, hört nicht richtig zu, redet zuviel, ist ständig dabei, sich zu verteidigen oder redet zu laut und zu schnell. Ich laufe möglicherweise schnell hin und her, verhalte mich anderen gegenüber rücksichtslos, drängele mich vor, schimpfe viel, verhalte mich rechthaberisch, unterbreche andere. Ich will vielleicht nicht verstehen, was andere sagen, verstehe die Bemerkungen anderer als Angriff und mache auch selbst verletzende Bemerkungen.[6]

Der Zustand der Anspannung kann sich nun weiter negativ entwickeln bis hin zur völligen Erschöpfung.[7] Auf dem Gebiet der geistigen Leistungsfähigkeit können sich zeigen gravierendere Konzentrationsstörungen, verlangsamte Reaktionen, mangelnde Aufmerksamkeit, mangelnde Entscheidungsfähigkeit, Ideenlosigkeit, Ineffektivität, Entschlusslosigkeit oder Motivationsverlust. Auf der emotionalen Ebene kommt es eventuell zu Unzufriedenheit, Lustlosigkeit, Minderwertigkeitsgefühlen, Unsicherheit, Unselbstständigkeit, Sinnlosigkeitsgefühlen, depressiven Verstimmungen. Ein

Gefühl der Hoffnungslosigkeit breitet sich eventuell aus. Auf der Verhaltensebene werden den anderen vielleicht Vorwürfe gemacht. Ich verhalte mich möglicherweise misstrauisch, mache zynische Bemerkungen, reagiere besonders eifersüchtig. Ich gehe vielleicht auf innere Distanz zu den anderen, entziehe mich der Gesellschaft anderer, beteilige mich wenig an Gesprächen, höre nicht richtig zu, antworte ausweichend, beziehe keine klare Stellung, senke im Gespräch den Blick. Ich beginne, meine Gestik und Mimik zu reduzieren und verhalte mich apathisch.[8]

Energieverluste und körperliche Symptome

Eine weitere Steigerung kann dieser negative Entwicklungsprozess darin erfahren, dass ich zunehmend mit meinen Energien am Ende bin, mein Selbstbewusstsein am Boden zerstört ist, Sorgen und Probleme, die mit meiner Berufstätigkeit zu tun haben, mich nachts nicht mehr zur Ruhe kommen lassen, dass ich vielleicht wach liege und ständig gedanklich irgendwelche Szenarien durchspiele, die mit meinen Problemen und Konflikten in meinem Arbeitsfeld zu tun haben. Verzweiflung macht sich breit.[9]

Typische somatische Beschwerden bei Daueranspannung oder Erschöpfung sind Bluthochdruck bzw. zu niedriger Blutdruck, schneller Pulsschlag, Herzrhythmusstörungen, Schwindelgefühle, wenig Appetit bzw. gesteigerter Appetit, Einschlaf- oder Durchschlafstörungen, Infektionsanfälligkeit oder Allergien, depressive Störungen, Muskelverspannungen, Ohrgeräusche oder Kraftlosigkeit.[10]

Coaching als berufsbezogene Beratung

Diese Körper und Seele belastenden Aspekte, wie sie aus einer bestimmten Berufstätigkeit in Wirtschaftsunternehmen, im sozialen Sektor oder in freiberuflicher Praxis resultieren können, sind zugleich Anliegen und Angelegenheit der Psychotherapie. Doch während in der Psychotherapie aktuelle berufliche Schwierigkeiten, je nach psychologischer Schule, vor allem im lebensgeschichtlichen oder gefühlshaften Kontext oder vor dem Hintergrund eines bestimmten Repertoirs an Verhaltensmustern oder Überzeugungen reflektiert werden, sucht Coaching nach Veränderungsmöglichkeiten direkt im Zentrum der jeweiligen Berufswelt. Arbeitsprobleme lassen sich nicht allein auf frühkindliche, vorgeprägte Erfahrungsmuster und Erlebnisweisen reduzieren. Probleme, die in der Berufswelt entstehen, lassen sich zwar zu einem Teil, jedoch nicht völlig, durch die Strukturen der biographisch geprägten persönlichen Lebenswelt erklären.

In bestimmten Fällen wird es jedoch sinnvoll sein, den Coaching-Prozess durch psychotherapeutische Maßnahmen zu ergänzen und abzurunden. Daher fließt auch psychotherapeutisches Wissen mit in den Coaching-Prozess ein. Vom Schwerpunkt und von der Zielsetzung her ist Coaching jedoch nicht mit Therapie gleichzusetzen. Die Reflexion der beruflichen Rollen und Aufgaben steht beim Coaching im Vordergrund, nicht das emotionale Erleben vor dem jeweiligen lebensgeschichtlichen Hintergrund.

Im Falle des ästhetisch oder bildhaft fundierten Coaching existieren zwar Beziehungen zur Kunst- und Gestaltungstherapie[11], dennoch handelt es sich bei der hier dargestellten Arbeitsweise nicht um Kunst- und Gestaltungstherapie im engeren und eigentlichen Sinne, denn Coaching sucht den Fokus der Leiden oder Beschwerden zuallererst in der Berufswelt. Zweitens erst werden persönliche, private Erfahrungswelten als Ursachen in Betracht gezogen.

Veränderung der beruflichen Perspektive

Coaching strebt eher Veränderungen der beruflichen Perspektiven sowie der eingesetzten Handlungsmuster und Strategien an. Dabei geht es um die Rekonstruktion der jeweils vorhandenen beruflichen Situation sowie zusätzlich um eine umfassende emotions- und problemorientierte Aufarbeitung von Erfahrungen, Sichtweisen oder Konflikten. Die Klienten sollen zunehmend besser verstehen, woran sie leiden, um schließlich Veränderungen selbst einleiten zu können.

Therapeutische Qualität der Beziehung

Von der Arbeitsbeziehung zwischen Coach und Klient her betrachtet, gelten jedoch ähnliche Qualitätsmerkmale, wie sie für eine therapeutische Beziehung kennzeichnend sind. Dies insbesondere dann, wenn ich als Coach den Anspruch habe, nicht an der Oberfläche des Gesagten oder Erlebten zu verweilen, sondern gemeinsam mit dem Klienten zu den Tiefenstrukturen der vorgebrachten Themen vorzudringen.

Die Leiblichkeit von Therapeut und Klient kommen zueinander in `Beziehung´ [...] Der Therapeut `vernimmt´ körperliche, organische, seelische Störungen aus sich selbst heraus [...] Indem er sie leiblich wahrnimmt und sie sich körperlich vorstellt, beginnt sein eigener Körper `Resonanzboden´ zu werden, nämlich signalisiert `Leidenschaft´ schlechthin: Das Zuhören mit allen Organen, die seelische Anverwandlung...[12]

Coaching lässt sich also fassen als ein *Prozess, innerhalb dessen ein psychologisch geschulter Berater die Führungskraft,* (oder den berufstätigen Menschen in Veränderung, J.B.) *unterstützt, ihre Gedanken, Handlungen und Wertvorstellungen an der Realität zu reflektieren, zu bewerten und gegebenenfalls zu verändern mit dem Ziel, Handlungskompetenz und Verhaltensspektrum zu verbessern, ein realisti-*

sches Selbstbild in bezug auf ihre Leistungsfähigkeit sowie Wünsche zu gewinnen und somit die Zufriedenheit zu erhöhen.[13]

Berufliche Selbstentfaltung

Neben der oben dargelegten problemzentrierten Sichtweise versteht sich Coaching jedoch auch als Weg zur beruflichen Selbstentfaltung. Viele Menschen, auch im sozialen Feld tätige Menschen, erleben in ihrer Arbeit viel Produktives, Erfreuliches oder Konstruktives. Sie wollen dieses Erleben noch steigern, wollen ihre Arbeit noch sinnvoller, erfüllender und abgerundeter gestalten. Der Auslöser oder Motor, einen Coaching-Prozess zu beginnen, muss also nicht unbedingt das Leiden an der beruflichen Wirklichkeit sein. Der Antrieb kann auch im Wunsch nach Daseinssteigerung und Selbstverwirklichung liegen, das heißt noch mehr Kreativität, Produktivität, Sensibilität oder Intuition im Rahmen der beruflichen Tätigkeit zu entfalten und zu verwirklichen. Dabei ist und bleibt Coaching als berufsbezogene Beratung immer in erster Linie an professionellen Aspekten und Themen ausgerichtet. Coaching ist eine Art Fortbildung *on the job* und damit an den unmittelbaren Anliegen von Berufstätigen ausgerichtet.

Coaching kann beispielsweise als Karriereberatung fungieren, indem die Frage bearbeitet wird, ob die aktuelle Berufssituation für einen Klienten überhaupt noch herausfordernd genug ist. So kann gemeinsam überlegt werden, welche Potenziale, Ressourcen, Kompetenzen und Erfahrungen dem Betreffenden zur Verfügung stehen, welche Veränderungs-, Beförderungs- oder Bewerbungsmöglichkeiten bestehen, welche anderen beruflichen Kontexte, Felder für sie oder ihn zugänglich sind und vielleicht passender wären. Wünsche und Zukunftsvorstellungen lassen sich in Beziehung setzen zu der jeweils angetroffenen Ausgangssituation.

Eine wesentliche Fragestellung lautet daher, wie jemand seine aktuelle Position ausbauen kann. Wie lassen sich vorhandene Handlungskompetenzen vertiefen und erweitern? Welche neuen fachlichen und persönlichen Qualifikationen können oder sollen erworben werden? Wie und wann soll dies geschehen? Um solche Veränderungen anzubahnen, muss die eigene Rolle im System oftmals noch deutlicher gespürt, erfasst und verstanden werden. Wurden alle Handlungsspielräume bereits ausgeschöpft? Welche Interaktionsformen wurden bisher eingesetzt? Mit welchem Erfolg? Wie lassen sich die strukturell vorgeprägte Berufsrolle und die darin enthaltenen Verhaltens- und Interaktionsmuster mit den persönlichen Wahrnehmungs- und Denkmustern sowie Potenzialen in Übereinstimmung bringen?

Organisationsbedingte Veränderungen
Eine andere Frage lautet, ob die jeweilige Institution oder Organisation bzw. ein Unternehmen gerade bestimmte Veränderungsprozesse durchmacht oder in Zukunft erwartet und wie sich der einzelne auf diese Veränderungen einstellen kann, wie sie oder er sich vorbereiten kann, ob bereits vergleichbare Erfahrungen vorhanden sind, auf die zurückgegriffen werden kann.

Persönliche Motive
Andere Gründe für den Schritt in Richtung Coaching können sein der Abbau von Leistungs-, Kreativitäts- und Motivationsblockaden, die Bewältigung ethischer Probleme, die Auseinandersetzung mit als inadäquat erlebten Leitvorstellungen, die Überprüfung der gesamten Lebens- und Karriereplanung, das Entwickeln und Kultivieren bisher nicht genutzter Talente und Begabungen, der Wunsch nach echtem und ehrlichem Feedback durch einen kompetenten Ge-

sprächspartner, die Prävention und der Abbau von Stress und Burnout, die Lösung aktueller beruflicher Konflikte.

Anlässe, Coaching nachzufragen, können in den verschiedensten Krisen, in Stress, Mobbing, beruflichen Deformationserscheinungen, in einer leichten Melancholie oder in regelrechter Verzweiflung liegen. Dabei handelt es sich einmal um Schwierigkeiten oder Krisen, die auf persönlichen Faktoren beruhen, um Dinge, die eng mit dem persönlichen Leben eines Menschen verknüpft sind. Zum anderen geht es um Probleme oder Krisen, die auf situativen oder institutionellen, organisationsbedingten Faktoren beruhen, wie zum Beispiel einem Arbeitsplatzwechsel, der oftmals damit verbundenen anfänglichen sozialen Isolation, der Notwendigkeit, in dem neuen System Fuß zu fassen, neue Arbeitsbeziehungen anzubahnen und aufzubauen, die spezifischen Regeln und Normen des neuen Systems kennen zu lernen und sich darauf einzustellen. Coaching übernimmt in allen diesen Fällen eine begleitende und unterstützende Funktion.

Negativ wirkender Stress

Ein weiteres Thema ist selbst produzierter, negativer Stress aufgrund von eigenen, oftmals überzogenen Ansprüchen, zu hoch gesteckten Zielen und Erwartungen und die hieraus folgende Erfahrung von persönlicher Inkompetenz und Ohnmacht. Negativ wirkender Stress kann also auch auf eigenen Konstruktionen und Überzeugungen beruhen.[14] Gibt es selbst auferlegte oder an mich gerissene Aufgaben? Existieren selbst gewählte konzeptionelle Verengungen? In bestimmten Fällen besitzt negativer Stress natürlich eine nicht wegzudiskutierende objektive Komponente, wie zum Beispiel personelle Unterbesetzung, überdurchschnittlich hoher Arbeitsanfall oder chronische Rollenüberlastung etwa an Schulen, in Pfarreien, Krankenhäusern, Kindergärten, Heimen, psychiatrischen Einrichtungen u.a. In der Regel handelt es sich um eine Vermischung aus individuellen und kontextbedingten Faktoren, die negativ wirkenden Stress produzieren in Form von Kommunikationsstörungen, destruktiven Spielen oder Machtspielen im Team, physischen und psychischen Erschöpfungszuständen, negativen Selbstdefinitionen und Haltungen gegenüber dem Arbeitsplatz und fehlender Distanz zur Arbeit. Stress besitzt natürlich auch eine positive Funktion, denn erst wenn es wirklich unangenehm wird, sind wir häufig bereit, etwas an unserer berufsbezogenen Lebensführung zu ändern, anders mit uns selbst und den eigenen Ressourcen umzugehen.

Erschließen neuer Bewältigungsstrategien

Coaching setzt sich hier zum Ziel, neue und angemessene Formen der Bewältigung solcher Situationen aufzubauen. Ziel ist, die individuellen Strategien in der Verarbeitung und Bewältigung von Aufgaben, Situationen und Konflikten zu verbessern, flexibler zu machen, zu erweitern. Dabei wird die Problematik nicht nur mit Blick auf die Person und das Interaktionsgeschehen am Arbeitsplatz reflektiert, sondern auch im Kontext des Systems.

Berufsbiografische Rekonstruktionen

Auf der individuellen Ebene wird die berufliche Biographie eines Menschen verhandelt. Welche Ziele wurden bisher erreicht? Welche Erfolge hat es gegeben? Welche Beschwerden oder Leidenserfahrungen werden vorgebracht? Welche Defizite werden erlebt? Auf welche Ursachen lassen sich die gegenwärtigen Schwierigkeiten zurückführen? Welche Erfahrungen aus früheren beruflichen Kontexten wirken sich in der Gegenwart aus? Mit welchem Ergebnis? Wird das aktuelle Handeln überlagert von solchen Erfahrungsresten oder ungelösten beruflichen Belastungen oder Konflikten? Durch das konsequente Einüben neuer Deutungs- und Handlungsmuster lässt sich diesen negativen Auswirkungen und Blockierungen entgegenarbeiten. Was sind beengende oder behindernde Aspekte und Faktoren, die zu umgehen oder zu beseitigen sind?

Verinnerlichte Überzeugungen

Oftmals herrschen in einem Menschen negative, stressfördernde Gedanken vor, etwa: Immer muss ich alles alleine machen. Keiner hilft mir. Alle sind gegen mich. Keiner mag mich. Ich kann es alleine nicht schaffen. Es ist alles ganz furchtbar. Es wird nie aufhören. Immer bleibt alles an mir hängen. Immer muss mir so etwas passieren. Nie kümmert sich mal jemand um mich. Ich bin ein Versager. Ich schaffe das nie. Ich halt's nicht mehr aus. Sie sollen mich alle in Ruhe lassen.[15]

Gedanken sind assoziative Felder, die zugleich Emotionen und körperliche Befindlichkeiten transportieren oder hervorrufen können. Gedankliche Muster wie die oben Genannten können schließlich das berufliche Leben und Erleben bestimmen und entsprechende negative Erfahrungen produzieren. Diese Erfahrungen verfestigen sich schließlich zu bestimmten internen Überzeugungen, kognitiven Schemata, auch *beliefs* genannt. Unsere gesamten Wahrnehmungs- und Denkmuster werden durch diese internen Überzeugungen beeinflusst. Die eigene Entwicklung blockierende Überzeugungen können zum Beispiel lauten: Ich muss immer perfekt sein. Ich muss immer pünktlich sein. Ich muss immer der Schnellste, der Beliebteste, der Fleißigste usw. sein. Ich darf nicht entspannen, bevor alles fertig ist. Ich kann einfach nicht nein sagen. Ich kann nicht sehen, wenn etwas unerledigt herumliegt. Es ist eben mein Schicksal, dass ich immer benachteiligt oder übersehen werde.[16]

Hinterfragen von Wahrnehmungs-, Denk- und Handlungsmustern

Wichtig ist, dass im Rahmen des Coaching-Prozesses eine Reflexion über die eigenen Wahrnehmungs-, Denk- und Handlungsmuster einsetzt, um für das eigene körperlich-seelische Gleichgewicht eher ungünstige Gewohnheiten zu erkennen. Beispiele hierfür sind: Ich sage sehr oft nicht, was ich denke. In vielen Situationen handelt es sich hierbei um falsche Rücksichtnahme. Oder ich mache lieber schnell alles selbst, bevor ich lange darüber rede. Hier sollte ich mir die Frage stellen, ob ich wirklich ausreichend gut delegieren kann. Oder ich will alles schaffen, nehme mir aber immer zuviel vor. Stelle ich hier nicht einen zu hohen Anspruch an mich selbst? Wenn Neues auf mich zukommt, denke ich: Das geht schief! Wie steht es um mein Selbstvertrauen?

Ein anderes Muster ist, selber vieles zu tun, damit sich andere ein Beispiel nehmen. Muss ich stets das Vorbild für die anderen sein? Oder ich kann Streit nicht ertragen und versuche stets zu schlichten. Habe ich eventuell ein zu großes Harmoniebedürfnis? Ich verhalte mich so, dass niemand etwas an mir auszusetzen hat. Muss ich wirklich jedermanns Liebling sein? Ich finde, dass ich ein schwereres Leben habe als andere und verfalle somit in Selbstmitleid. Ich will immer alles gleichzeitig tun und kann somit keine Prioritäten setzen. Ich arbeite mehr als andere und mache selber kaum Pausen. Ich definiere mich als Märtyrerin oder Märtyrer. Oder ich habe das Gefühl, was ich mache, sei nicht so gut und werde mit meinem geringen Selbstwertgefühl konfrontiert.[17]

Diese ganzen in einem Menschen abgespeicherten Muster und Überzeugungen führen natürlich zu einer Fülle an Schwierigkeiten im beruflichen Leben. Sie verhindern nicht nur langfristig Weiterentwicklung und Karriere, sondern erzeugen auch Stress im Alltag. Die durch den Stress erzeugte

Energie wird wiederum häufig in Muskelverspannungen, Nacken- und Rückenschmerzen gebunden, womit wir wiederum auf der Ebene körperlicher Leidenssymptome angelangt wären. Hinzu kommt, dass Muskelverspannungen auch Blutzucker verbrennen, der dem Gehirn entzogen wird. Die intellektuelle Leistungsfähigkeit wird daher auch in Mitleidenschaft gezogen. Ein Teufelskreis, aus dem es auszubrechen gilt.

Neue Perspektive auf die eigene berufliche Geschichte

Durch den Coaching-Prozess kommt es zu einer neuen Perspektive auf die eigene berufliche Geschichte. Bezogen auf die Interaktionsebene werden möglicherweise gelungene oder misslungene kommunikative Prozesse thematisiert. Worin besteht das gegenseitige Verstehen oder Nicht-Verstehen? Existieren verschiedene, einander bekämpfende ideologische Positionen? Gibt es verzerrte oder verzerrende Wahrnehmungs- und Denkmuster? Welche subjektiven, privaten Theorien herrschen vor? Gibt es gegenseitige Fehlinterpretationen? Existieren Übertragungsprobleme, das heißt finden unbewusst Verwechslungen mit früheren Interaktionspartnern statt?

Auseinandersetzung mit Emotionen

Häufig gilt es, bestimmte Gefühle zu klären, denn diese werden allzu oft aus Angst heraus verleugnet und verdrängt. Das kostet Energie, die an anderen Stellen fehlt. Es ist sehr wichtig, sich auch mit negativen Gefühlen wie Hilflosigkeit, Unsicherheit, Schwäche oder Unterlegenheit auseinander zu setzen. Werden solche Emotionen wahrgenommen und bearbeitet, kann dies einen Energieschub bewirken. Dasselbe gilt für Wut, Zorn und Ärger. Oftmals müssen sie im beruflichen Alltag abgeblockt und unterdrückt werden, denn der *kühle Kopf* und das stets *freundliche Lächeln* sind gefragt. Wichtig ist, all diese negativen Emotionen nicht von vorneherein zu missachten und zu unterdrücken, sondern diese quasi mit einem inneren Auge wahrzunehmen, sie steuern zu lernen und auf ihre tiefere Bedeutung hin zu befragen.

Rekonstruktion des Geschehens am Arbeitsplatz

Es kommt also erstens darauf an, den Körper richtig zu behandeln, um Stress möglichst in Energie umzuwandeln. Zweitens muss die Welt der Emotionen erforscht werden, um die inneren Kraftquellen zu entdecken und drittens müssen alle Wahrnehmungs-, Denk- und Handlungsmuster kritisch überdacht werden, um die persönlichen beruflichen Ziele auch wirklich zu erreichen.

Alle diese Vorgänge müssen einer sorgfältigen Rekonstruktion unterzogen werden, um das interaktive Geschehen an einem Arbeitsplatz auf eine neue, tiefere Art und Weise zu verstehen. Von hier aus werden gemeinsam mit der Klientin oder dem Klienten, gleichgültig ob in Einzel- oder Gruppenarbeit, Handlungsalternativen entwickelt. Diese werden anschließend in der Praxis erprobt, umgesetzt und erneut der Reflexion unterzogen. So werden die Klienten bei konkreten Neuversuchen unterstützt. Die Veränderung eingeschliffener und inadäquater Interaktionsmuster wird möglich.

Steigerung der Qualität in den Arbeitsbeziehungen

Interaktionen müssen jedoch nicht automatisch als konflikthaft betrachtet werden. Möglich ist auch, dass Interaktionen von einer Führungskraft, einer Lehrperson oder von einem selbstständig arbeitenden Menschen grundsätzlich bereits als gelungen angesehen werden. Es geht vielleicht in einem weiteren Schritt darum, die Beziehungen im jeweiligen Arbeitsfeld noch konstruktiver, erfüllender und befrie-

24

digender zu gestalten oder Akzente leicht zu verschieben, indem diese Beziehungen entweder mit mehr persönlicher Nähe oder aber distanzierter gestaltet werden.

Strukturelle Themen

Themen auf der Systemebene drehen sich möglicherweise um das Verlassen eines bestimmten Systems oder den Eintritt in ein neues. Es kann auch darum gehen, dass Vorgesetzte oder bestimmte Mitarbeiter wechseln, dass bestimmte Abteilungen zusammengelegt, getrennt oder anders organisiert/ strukturiert werden, dass sich verschiedene Einheiten gegenseitig blockieren oder boykottieren, dass bestimmte hierarchische Strukturen und Führungsstile als gleichgültig, inhuman oder ineffektiv erlebt werden.

Im Coaching wird das als problematisch wahrgenommene Systemphänomen nun einem tiefergehenden Verständnis zugänglich gemacht, um sodann zu prüfen, inwieweit der Einzelne an der Veränderung der als defizitär, inhuman oder ineffektiv erlebten Systemstruktur mitwirken kann. Was also kann unternommen werden, um das System in seiner Struktur zu verbessern? Welche Möglichkeiten einer stärkeren Mitgestaltung oder Umgestaltung des Systems bestehen? Wie lässt sich die Zusammenarbeit der innerorganisatorischen Subsysteme verbessern? Der Coach versucht hier, Unterstützung bei der strategischen und operativen Planung zu geben. Die Anwendung von *lateralem Denken* (Edward de Bono)[18], einer besonderen Variante produktiven und schöpferischen Denkens, kann in solchen Problemlösungsprozessen von großem Nutzen sein.

Strategien der Selbstsorge entwickeln

Die aufgefundenen Themen variieren hier je nach konkretem Arbeitsfeld. Ist die berufliche Funktionsfähigkeit nicht (mehr) voll gegeben, erleben sich Sozialmanager, Ärzte, Pflegepersonal, Lehrkräfte, Industriemanager oder Selbstständige als defizitär. Es kommt vielleicht zu dem Versuch, die vermeintlichen Mängel möglichst schnell auszugleichen, zu überwinden und zu kompensieren. Häufig ergibt sich die Schwierigkeit, sich nicht entspannen zu können, sich niemandem anvertrauen zu können, sich nicht anlehnen zu können und zugleich erwartet der Einzelne maximale Perfektion von sich. Viele behandeln sich selbst als Maschinen, die immerzu Hochleistung erbringen sollen.

Wichtig ist hier, Techniken der *Selbstsorge*[19], der Einfühlung gegenüber sich selbst, zu erlernen und von hier ausgehend alternative Handlungsstrategien zu entwickeln. Es geht dabei um den Ausbau individueller und sozialer Gestaltungspotenziale, um Kommunikationsfähigkeit und Kreativität, einen Zuwachs an Selbstkongruenz, Konfliktverarbeitungsfähigkeit und möglicherweise darum, sich ein neues Wirkungsfeld zu erschließen, das den eigenen Vorstellungen und Voraussetzungen eventuell besser entspricht als das aktuelle.

Erschließen von Themen und Problemen

Zunächst steht die Rekonstruktion, die Präzisierung des jeweiligen Anliegens im Vordergrund. Oftmals erweisen sich die Erklärungs-, Deutungs- und Handlungsmuster eines Klienten nicht als ausreichend. Deshalb müssen zunächst einmal gegenstandsangemessene Problemdefinitionen erarbeitet werden. Der jeweilige berufliche Kontext wird möglichst detailliert untersucht, um zu ermitteln, welche konkreten Aspekte einer Veränderung bedürfen. Besonders erfolgversprechend erscheinen mir ganzheitliche, erlebnisorientierte und imaginative Rekonstruktionsformen, weshalb ich in meiner Arbeit insbesondere auf gestalterische Materialien und Verfahren zurückgreife.

Oftmals gilt es, aus der eigenen perspektivischen Verengung herauszukommen und zunächst den Horizont zu erweitern. Ohnmachts- und Insuffizienzgefühle sowie Leidenserfahrungen lassen sich relativieren, indem nicht mehr die Verantwortung für alles und jedes übernommen, oftmals auch *an sich gerissen* wird. Viele Konflikte und Schwierigkeiten basieren auf situativen und kommunikativen Fehlinterpretationen. Die eingesetzten Deutungs- und Interpretationsmuster werden gemeinsam aufgedeckt, um so eine Modifizierung und Veränderung sowie eine neue Perspektive zu erreichen. Es geht hier um die Umstrukturierung oder Neuentwicklung von Mustern.[20]

Rekonstruktion von typischen Problemsituationen

Zu Beginn ist wichtig, eine Analyse der Ursprungssituation vorzunehmen, in der die jeweiligen Deutungs- und Handlungsmuster gebildet wurden. Dies schließt auch die Frage ein, mit welchen objektiven Bedingungen, Gefühlen und Empfindungen die Entstehung der verinnerlichten Muster einherging. Die oft noch diffuse Problemsituation wird analysiert und es werden einzelne, konkrete Problemfelder abgegrenzt. Am Endpunkt der Rekonstruktionsbemühungen steht eine Vereinbarung zwischen Coach und Klient, welche Teilaspekte einer Problematik im weiteren Verlauf einer Coaching-Sitzung gezielt verändert werden sollen. Somit wird das wichtigste oder drängendste Problem zunächst ausgewählt und in seinem Bedingungsgefüge untersucht.

Anleitung zum Probehandeln

Coaching versteht sich als eine Anleitung zum Probehandeln. Die alten, inadäquaten Wahrnehmungs- und Denkmuster sollen zugunsten neuer aufgegeben oder korrigiert werden, um das gesamte Repertoire an Handlungsmöglichkeiten zu erweitern. Dazu kann es hilfreich sein, sich eine typische Szene aus dem beruflichen Alltag vorzustellen, eine Szene, die auch Gefühle der Unzufriedenheit auslöst, um von hier aus andere, längst vorhandene, im Prinzip also verfügbare, bisher jedoch nicht genutzte Handlungsmöglichkeiten zu erschließen. Das jeweilige Thema erfährt solange Aufmerksamkeit, bis eine stimmige Form der Auseinandersetzung und Bewältigung gefunden wurde. Dazu müssen Lösungsalternativen erzeugt, gedanklich durchgespielt und bewertet werden. Schließlich folgt eine Entscheidung für eine bestimmte Strategie, die auf die Wirklichkeit übertragen, erprobt und in ihren Ergebnissen und Konsequenzen einer erneuten Reflexion unterzogen wird. Eine Reihe von Impulsfragen können hier hilfreich sein:

Was werden Sie tun? Wann werden Sie es tun? Wird die Handlung zum gewünschten Ziel führen? Auf welche Hindernisse könnten Sie stoßen? Wer muss es wissen? Wer muss informiert werden? Welche Unterstützung benötigen Sie? Wie und wann werden Sie diese Unterstützung erhalten? Welche anderen Überlegungen haben Sie? Bewerten Sie auf einer Skala von 1 – 10 wie sicher Sie sind, dass Sie die vereinbarten Handlungen auch ausführen werden.[21]

Symbolisch-imaginative Arbeitsformen

Dieser gesamte Prozess lässt sich durch imaginativ-symbolische Arbeitsformen einleiten, begleiten und unterstützen. Dazu bedarf es eines interaktiven Settings, das durch einen offenen, authentischen, wertschätzenden und aktiv zuhörenden Kommunikationsstil gekennzeichnet ist. Elemente und Erkenntnisse aus Gesprächspsychotherapie[22] und Kommunikationspsychologie[23] kommen hierin zur Anwendung.

Die oftmals anfänglich noch unklar oder verengt vorgetragenen Problemstellungen resultieren ja immer aus der jeweils vorhandenen Horizontstruktur. Insbesondere das erlebnisorientierte Reflektieren auf einer bildhaften, imaginativen Ebene fördert das schrittweise Erarbeiten von Klarheit und persönlicher Erkenntnis. In vielen Coaching-Sitzungen ermöglichen derartige Medien überhaupt erst eine flüssige Verständigung zwischen Coach und Klient.[24]

Möglich ist auch das Arbeiten mit *Organigrammen* oder *kleinen Organigramm-Skizzen*[25], um bestimmte organisatorische, personelle oder institutionelle Konstellationen zu veranschaulichen. Mit Hilfe von bunten Pappstückchen oder Bausteinen lassen sich *flexible Organigramme*[26] erstellen. Eine andere Variante sind Panorama-Zeichnungen zur eigenen beruflichen Entwicklung, zu bestimmten beruflichen Prozessen, zur Entwicklung der jeweiligen Institution usw.

Durch den Einsatz solcher Medien und Materialien *gelingt es Klienten jedenfalls oft leichter, Beratern zu übermitteln, welche speziellen Phänomene für ihre Fragestellungen aktuell relevant sind und wie sie sich ihrer Meinung nach im einzelnen ausgestalten.*[27] Die Medien und Materialien transportieren *prä-rationale Botschaften, die der Klient selbst noch nicht bündig zu artikulieren vermag bzw. die er erst im Verlauf der Medienarbeit erfassen kann.*[28]

Konkretisierung von Themen

Werden anfänglich vom Klienten noch sehr unbestimmte Gefühle von Unbehaglichkeit am Arbeitsplatz angesprochen, geht es zunächst um eine Klärung und Konkretisierung. Ein diesbezüglicher Einstieg kann etwa durch den thematischen Impuls *Ich an meinem Arbeitsplatz* oder *Ich in meiner Organisation/ Institution/ Praxis* oder *Ich in meinem Betrieb/ Unternehmen* usw. erfolgen. Gleichzeitig werden Möglichkeiten gesucht und angeboten, den unbefangenen Selbstausdruck der Klientin bzw. des Klienten auf eine unkomplizierte und spontane Art und Weise zu fördern. Die Medien und Materialien sollen zum jeweiligen Thema, zur Persönlichkeit des Klienten und zur jeweiligen Coaching-Sitzung passen. Geht es mehr um formale Aspekte, wie die Struktur einer Organisation oder Institution, ist vielleicht rationalen Verfahren wie dem Organigramm der Vorzug zu geben. Geht es mehr um die emotionale Atmosphäre innerhalb eines sozialen Systems, können Farben oder Ton geeignete Medien sein.

Die Arbeit mit den bildnerischen Medien und Materialien oder imaginativen, symbolischen Verfahren dient in erster Linie der Rekonstruktion, das heißt der Präzisierung der Fragestellung. *Materialien dienen im Coaching vor allem dem Informationstransfer für rationale und nicht-rationale Botschaften von Klienten. Aus diesem Grund sind sie ganz ausgezeichnet zur Rekonstruktion beruflicher Fragestellungen geeignet. Sie ermöglichen nicht nur dem Coach, Anschluss zu finden an komplexe Themen von Klienten, sie dienen auch dem Klienten selbst zur Differenzierung des relevanten Problemfeldes.*[29] Auf der Basis solcherart ästhetisch-bildhaft gestützter Prozesse kann es dann im zweiten Schritt zu Neuformulierungen und Veränderungen kommen.

Handlungsautonomie und Selbstdeutungskompetenz

Der Coach hält sich mit Deutungen und Interpretationen zurück, um dem Klienten seine Autonomie zu belassen. Zumeist werden die Botschaften ohnehin vom Klienten selber aufgefunden und ermittelt. Als Coach übernehme ich dabei eine Hilfsfunktion, indem ich das Gehörte, das Gesehene und gefühlsmäßig Antizipierte strukturiere und das Wahrgenommene insgesamt zurückspiegele. *Meine Statements sind gefühlshafte Assoziationen, die primär aus der Identifikation mit dem Klienten erfolgen.*[30] Der Klient besitzt von sich aus Autonomie und Handlungskompetenz. Es ist nicht der Coach, der den Klienten erfolgreich macht, sondern er hilft diesem dabei, *sich selbst erfolgreich zu machen oder, falls dafür die Voraussetzungen fehlen, die Ziele zu verändern oder das subjektiv ungünstigere Umfeld zu verlassen.*[31] Wichtig ist, dass sich ein Klient zunehmend selbst für sein Handeln verantwortlich fühlt, dass sie oder er selbst immer mehr die Kontrolle behält, gerade auch in Stresssituationen, dass er aktiv handelt und plant, dass positive Visionen und Entwürfe geschaffen werden.

Der Coach versteht sich aber auch als *positiver Querdenker, als Visionär und Vordenker.*[32] Es kommt daher vor allem darauf an, Impulse zu geben, die der Klientin oder dem Klienten neue Sichtweisen, persönliche Entwicklung und Veränderung ermöglichen.

Entwerfen einer Zielperspektive

Nach der anfänglichen Problemanalyse wird eine Zielperspektive entworfen und möglichst konkretisiert. Auf dem Weg zum Erreichen dieses Ziels bietet der Coach dem Klienten Strukturierungshilfen und Erkenntnismittel sowie inhaltliche Impulse an, die ihn seinem Ziel näher bringen oder aber zur Neudefinition oder Korrektur eines anfänglich gesetzten Zieles führen.

Beim Coaching handelt es sich um eine *Kombination aus individueller, unterstützender Problembewältigung und persönlicher Beratung auf der Prozessebene für ein breites Spektrum von beruflichen und privaten Problemen ... als Hilfe zur Selbsthilfe und zur Selbstverantwortung. Der Co-*

ach ist nicht allwissend, nicht er löst die Probleme seines Klienten, sondern dieser selber. Der Coach versucht Prozesse so zu steuern, dass sich die Ressourcen des Klienten optimal entwickeln, sich neue Wahlmöglichkeiten eröffnen und genutzt werden können.[33]

Emotionale Intelligenz

Interessant ist auch, diese durch den Coaching-Prozess anvisierte Zielstruktur einmal vor der durch Daniel Goleman entwickelten Theorie zu einer *Emotionalen Intelligenz* zu sehen. Deren fünf Säulen sind erstens *Selbstwahrnehmung*, im Sinne der Fähigkeit, die eigenen Gefühle, Eigenschaften, Vorlieben und die eigene Ausstrahlung wahrzunehmen und richtig einzuschätzen. Zweitens *Selbstregulierung*, im Sinne der Fähigkeit, Gefühle im Zaum zu halten, spontane Handlungsimpulse zu kontrollieren und die eigenen Kräfte sinnvoll einzuteilen. Drittens *Motivation* als Fähigkeit, Gefühlsenergie in Leistungsbereitschaft und Engagement umzuwandeln, um eigene Ziele oder die Ziele einer Gruppe zu erreichen.

Die vierte Säule ist *Empathie,* als Fähigkeit, Gefühle und Stimmungen anderer wahrzunehmen, soziale Beziehungen und hierarchische Strukturen in Gruppen zu erkennen und zu nutzen und die fünfte ist *soziale Kompetenz* als Fähigkeit, Gefühlsenergien im Gespräch und in der Zusammenarbeit mit anderen einzusetzen, Konflikte kontrolliert auszutragen, Menschen zu führen und in Teams zu arbeiten...

Umstrukturierung als zentrales Prinzip

Die durch Edward de Bono entwickelten Denkwerkzeuge (z.B. Plus-Minus-Interessant, PO usw.) sollten jedoch unbedingt zu den emotionsorientierten Reflexionen hinzugenommen werden. Dies, um die emotionale Welt wie auch die intellektuelle Welt gleichermaßen umstrukturieren zu können. Und was in unserem Falle noch hinzukommen wird, sind die Mittel der Kunst, denn diese werden in besonderer Weise Veränderungen in der Wahrnehmung, im Denken und Handeln ermöglichen.[34]

Faktizität und Transzendenz

Betrachtet man die hier bezeichneten Bemühungen einmal vor dem Hintergrund der Philosophie Jean-Paul Sartres, so zielen diese auf das Vermögen, sich auf neue Möglichkeiten hin zu entwerfen. Das heißt, es geht darum, neue, bisher nicht gesehene oder genutzte Möglichkeiten zu wählen und zu verwirklichen, das bisherige berufliche Sein – und damit indirekt immer auch das private Leben - durch das Bilden von neuen Daseinsentwürfen zu überschreiten. Damit befände sich im Mittelpunkt unserer Betrachtungen ein Phänomen, das Sartre *Transzendenz*[35] genannt hat. Wir arbeiten also stets an der Überschreitung des Vorhandenen. Freiheit im Sinne des Möglichen und *Faktizität* im Sinne des Gegebenen stehen dabei in einem Wechselverhältnis.[36]

Durchlässigkeit und Kompatibilität

Im folgenden soll nun ein ästhetisch fundierter, das heißt auf dem aktiven Betrachten, Produzieren und Umgestalten von Bildern basierender Coaching-Ansatz vorgestellt und dokumentiert werden. Die im einzelnen verwendeten Bilder entstammen mal dem Reich der Kunst, mal wurden sie der Welt der Medien entnommen. Wer bisher wenig künstlerisch oder gestalterisch produktiv gewesen ist, braucht sich nicht vor etwaigen Anforderungen zu fürchten, denn wir bewegen uns überwiegend im Bereich der nicht-professionellen Bildnerei und bieten Hilfsmittel an, um die nicht unmittelbar verfügbaren Darstellungsfähigkeiten auf spielerische Weise zu überbrücken.

Bei alldem soll nicht der Eindruck vermittelt werden, dass es sich hier um den einzig wahren Coaching-Ansatz handelt. Die skizzierte Arbeitsweise sieht sich in einem Ergänzungsverhältnis zu anderen, bereits vorhandenen Coaching- oder Supervisionsmodellen. Was ich hier darlege, versteht sich als offen und durchlässig für vieles andere und als kompatibel mit vielem anderen, wenn auch nicht mit allem. Ich gehe jedoch schon davon aus, dass diese spezifische Arbeitsweise eine ganz interessante Möglichkeit der Selbsterkundung, Weiterentwicklung und persönlichen Veränderung vor dem Hintergrund des jeweiligen Berufsfeldes darstellt.

Die Potenziale der Kunst

Kunstphilosophische Verankerung

Über ein Coaching auf ästhetischer Basis lässt sich, wenn man das fundiert tun will, nur vor dem Hintergrund einer philosophischen Lehre vom Charakter und den Wirkungen der Kunst, das heißt des Schönen sprechen. Solche Lehren sind in den traditionellen Ästhetiken und Kunsttheorien, z.B. Kants, Schillers oder Hegels aus erkenntnistheoretischen Grundlagen abgeleitet worden. Dem hier vorgestellten Coaching-Ansatz soll daher in aller Kürze eine kunstphilosophische Verankerung gegeben werden.

Freiheit und Subjektbestimmtheit

Vor dem Hintergrund des kunsttheoretischen Diskurses, wie er von Karin-Sophie Richter-Reichenbach[37] geführt wird, lässt sich den ästhetischen Prozessen eine emanzipatorische Bildungspotenz zuschreiben, die auf Kantischen Prämissen gründet.[38] Autonomie, Freiheit, das *Subjekt als Selbstzweck* sowie *Selbstbestimmung als Daseinssinn* des Menschen sind die Kernbegriffe dieser Philosophie. Selbstbestimmung wird als *allgemeines Prinzip, als Daseinssinn und lebenslanges Annäherungsziel des Menschen* verstanden.[39] Die Selbstbestimmungsbestrebungen finden ihre Eingrenzung in den *allgemeinen Gesetzen der praktischen Vernunft.*[40] Das höher liegende Bildungsziel der Beratungsbemühungen im Rahmen von Coaching läge demzufolge in der Hilfestellung bei der *Befreiung aus einschränkenden Bedingungen und Zwängen* und in der *Freisetzung eigener Denk-, Urteils- und Handlungsmöglichkeiten*[41], hier von Menschen in beruflichen Kontexten.

Die besondere, veränderungsfördernde Relevanz ästhetischer Prozesse liegt[42], erneut unter Rückgriff auf Kant, in deren *Subjektbestimmtheit*, im Herstellen eines *Selbstbezuges*, eines *reflexiven Verhältnisses zu sich selbst*[43], das durch die eigenständige Hervorbringung ästhetischer, bildhafter Produkte ermöglicht wird und das auf der *produktiven Einbildungskraft* basiert.[44] Das ästhetische Phänomen partizipiert nun indirekt am Freiheitsbegriff, indem es freiheitliche Bezüge symbolisiert:[45] *Freiheit in bezug auf das Ästhetische meint also, sich in ästhetischen Vollzügen von Fremdbestimmungen freizumachen und zunächst auf sich selbst freizusetzen.*[46]

Verbindung von Erleben, Sinnlichkeit und Verstand

Die emanzipatorischen Bildungs- und Veränderungswirkungen ästhetischer Prozesse liegen in der *reflexiven, selbstaktivierenden, belebenden Struktur ästhetischer Zustände und ästhetischer Handlungsvollzüge begründet, wodurch das konkrete Subjekt sich zu transzendieren vermag, zu sich oder wieder zu sich kommen kann (Selbstbildung/ Selbstheilung). Sie liegen in der Potenz ästhetischer Vollzüge, gemeinhin Unverbundenes oder auseinanderentwickelte Persönlichkeitsdimensionen (Erleben, Sinnlichkeit, Verstand) zusammenzuschließen und unter eigene Ausdrucks- und Sinngebung zu stellen.*[47]

Kant hat das ästhetische Phänomen [...] als Vollzugsleistung eines spezifisch subjektiven, ideenbildenden und -hervorbringenden Vermögens (Einbildungskraft) herausgearbeitet und es dabei als primär subjektiv bewirktes und wirkendes Phänomen bestimmt. Es belebt und aktiviert sinnlich unmittelbar ohne Dominanz des diskursiven Denkens das Individuum als Ganzes.[48]

Auf der Basis einer ganzheitlichen anthropologischen Grundausstattung sollen nun Menschen, die in spezifischen beruflichen Feldern tätig sind, von *entwicklungs-, sozialisations- oder krankheitsbedingten Einschränkungen freige-*

36

macht und zu *selbstbestimmter und fremdverantwortbarer Zukunftsgestaltung über den Weg einer proportionierlichen, das heißt ganzheitlichen Entfaltung der hierzu notwendigen Kräfte* befähigt werden.[49]

Fassen wir zusammen: Ein ästhetisch fundiertes Coaching, das auf den kunstphilosophischen Auffassungen von Kant gründet, unterstellt sich zunächst einem allgemeinen emanzipatorischen Bildungsauftrag. Eine so verstandene Beratungsarbeit zielt auf die Befreiung aus Beschränkungen, auf die Freisetzung eigener, autonomer Handlungspotenziale, auf die Ausweitung der Handlungskompetenzen auf der Basis sinnlicher Wahrnehmung und produktiver Selbsttätigkeit.[50] Das ästhetisch-bildhaft fundierte Coaching leistet eine Art *Emanzipationshilfe im Sinne des Freimachens und Freisetzens.*[51]

Der ästhetische Zustand als Übergangssituation

Auch bei Schiller[52], dessen Schriften zur Ästhetik[53] sich als weiteren kunstphilosophischen Bezugspunkt heranziehen lassen, findet sich ein emanzipatorischer Begriff einer *ästhetischen Erziehung*, der wiederum eng mit den Konzepten der Selbstbestimmung und der Freiheit verknüpft ist.[54] Karin-Sophie Richter-Reichenbach diskutiert den *ästhetischen Zustand*, vor dem Hintergrund des Schillerschen Diskurses, *als Übergangssituation*. Der ästhetische Prozess soll der Zersplitterung der menschlichen Vernunft-, Verstandes- und Erlebniskräfte entgegenwirken.[55]

Geist, Natur, Pflicht und Neigung werden erneut zusammengebracht und der Mensch wird als physisches und moralisches Wesen wieder neu integriert. Dieser Prozess kann oder soll über Kunstbetrachtung und Kunstproduktion vonstatten gehen, weil Kunst bereits die oben genannte Einheit beinhaltet. Die Verbindung von Phantasie, im Sinne des Möglichen, und Vernunft, im Sinne des Notwendigen, erzeugt das Ideal des selbstbestimmten Menschen, der in der Entfaltung seiner Anlagen und Fähigkeiten immer auch die Sache der Gesellschaft befördert.

Im ästhetischen Zustand `spielt´ das Subjekt mit sich selbst, seinen Vorstellungen und Handlungsmöglichkeiten, ohne jede konkretere Bestimmung oder Ausrichtung [...] Für Schiller ist dieser Zustand nicht nur freisetzend, sondern auch freiheitsbefördernd, weil in der hier erfahrenen Wahlfreiheit des Verhaltens sich erst die Selbstbestimmungsfrage stellt. [...]

Unter diesem Blickwinkel nun erscheint der ästhetische Zustand bei ästhetisch-produktiven und -rezeptiven Vollzügen als Medium der Persönlichkeitserweiterung und als Übergangsstadium zu vermehrter, selbstbestimmter Ausdrucks- und Handlungskompetenz, insofern er den Denkkräften Freiheit verschafft, ihren eigenen Gesetzen gemäß sich zu äußern.[56]

Selbstklärungsprozesse

Mit Bezug auf die kunstphilosophischen Überlegungen von Georg Wilhelm Friedrich Hegel lässt sich darüber hinaus die Bedeutung der *inhaltlichen Auseinandersetzung im ästhetischen Medium*[57] aufklären:

Die ästhetische [...] Produktion nun spiegelt diesen je individuellen Selbstklärungsprozess, das Ringen um Selbstverwirklichung und Selbstbewusstwerdung. Weil dieser Prozess mit Konflikten, psychophysischen Begrenzungen, Qualen, Ängsten und Verunsicherungen in lebenspraktischen Bezügen verbunden ist, kommt all dieses, also auch Hässliches, Widersprüchliches, Unschönes, Grässliches in die Darstellungen herein.[58]

Ästhetische Produkte sind das Resultat der reflektierenden Auseinandersetzung mit sich in Beziehung zur Welt. *Kunst und Seelisches legen sich gegenseitig aus*, heißt es bei

Wilhelm Salber.[59] Das ist der Darstellungsgehalt der Kunst und ästhetischer Produkte. Er wird von Hegel[60] als *Humanus* bezeichnet, das allgemein Menschliche: das Ringen nämlich um Identität.[61]

Selbstbildung durch Selbsttätigkeit

Unter Rückgriff auf die bildungstheoretischen Überlegungen von Wilhelm von Humboldt[62] widmet sich K.-S. Richter-Reichenbach[63] ferner dem Aspekt der *Selbstbildung durch Selbsttätigkeit:*

Weil Kunst also Selbsttätigkeit appelliert und Wege und Mittel [...] anschaulich macht, wie denn auf Wirklichkeit bezogene Selbsttätigkeit aussehen kann, vermag Kunst bildend und aufklärend zu wirken. Sie geht hervor aus dem ästhetischen Zustand, der sich nunmehr nach Humboldt so charakterisiert: 1. durch die Aktivität aller individuellen Kräfte unter dem Primat der Einbildungskraft; 2. durch den Entwurf einer neuen, möglichen Wirklichkeit, die die faktische übersteigt, ohne sie zu verlassen.

Einführen von künstlerischen Inhalten

Die Grundsätze der hier dargelegten Beratungsbemühungen auf ästhetisch-bildhafter, imaginativer Grundlage sind also als Weiterführung von kunstphilosophischen Auffassungen über die Wirkungen des Schönen anzusehen. Geht es auf dieser kunstphilosophischen Ebene allgemein um die erkenntnistheoretisch abgesicherte Begründung der *Wirkung von Kunst*[64], so treten auf der praktischen Ebene der beratenden und intervenierenden Arbeit eine Reihe von Bestimmungen hinzu, die den Begriff des ästhetisch fundierten Coaching konkreter fassen: Dieser füllt sich mit Mitteln der Bildenden Kunst und der visuellen Medien, mit kunsttheoretischen und kunstgeschichtlichen Inhalten, Kunstrichtungen, Kunstgattungen, künstlerischen Verfahren und Materialien.

Das ästhetisch fundierte Coaching gewinnt sein besonderes Profil durch die kunsttheoretisch oder kunstgeschichtlich aufbereiteten oder den Medien entnommenen Inhalten, die in den Beratungsprozess eingeführt werden. Dies geschieht einmal in einer thematischen oder inhaltlichen Perspektive, das heißt es wird in den kunsthistorischen Epochen danach Ausschau gehalten, wie bestimmte Konfliktthemen oder Lebensprobleme aber auch Bewältigungsversuche künstlerisch dargestellt und verarbeitet worden sind. Das Durchforsten der Kunst, sowohl der Kunst der Gegenwart wie der Kunst der weiter zurückliegenden Jahrhunderte, geschieht weiterhin mit Blick auf die dort verwendeten Verfahren, Techniken und Materialien.

Die *papiers collés*, die Collagen und Montagen von Pablo Picasso oder Georges Braque, die dadaistischen *Merzbilder* von Kurt Schwitters, die Psychogramme von Wolf Vostell, die Übermalungen von Arnulf Rainer oder die *combine paintings* von Robert Rauschenberg können für die hier intendierte gestalterische Arbeit sehr inspirierend wirken, weil sie eine Fülle an praktischen Möglichkeiten aufzeigen, die sich auch im nicht-professionellen Bereich umsetzen und für aktuelle Aufarbeitungsprozesse nutzen lassen.

Stützende Verfahren und Materialien

Von besonderer Bedeutung für die künstlerisch fundierte Coaching-Arbeit mit überwiegend nicht-professionellen Menschen, was nun das Ästhetische selbst betrifft, sind Formen der Individualisierung, der Vereinfachung und der Animation, die in unserem Falle aus der Kunstpädagogik Hans-Günther Richters[65] ins Coaching hinein transferiert werden, um auch Personen einen subjektiv zufriedenstellenden ästhetisch-gestalterischen Ausdruck zu ermöglichen, die nicht im engeren Sinne Künstler sind. Vom Verfahren her kann es sich dabei etwa um die Veränderung oder Übermalung von photokopiertem Bildmaterial[66] handeln.

Oder es werden verschiedene Bildteile zerschnitten und neu, anders zusammengesetzt und anschließend mit Stiften oder Farben überarbeitet. Selbst Abpausen oder Abzeichnen ist möglich, weil es hineinführen kann in stärker selbstgewählte und selbstbestimmte Entwürfe. Unter den Schlagworten *Collage-unterstütztes Zeichnen* oder *Mobiles Bildsystem*[67] wurden vom Verfasser (J.B.) selber besondere Verfahren entwickelt, die das Bearbeiten komplexer Erfahrungszusammenhänge auch bei Personen zulassen, die sich beim Zeichnen entweder wenig zutrauen oder über wenig bildnerische Vorerfahrung verfügen.

Eine Grundausstattung von Repertoires an Zeichenelementen und Bildhintergründen wird bereitgestellt, z.B. durch Kopien von Zeichnungen bekannter Künstler und von Abbildungen aus Zeichen-Lehrbüchern. Aus manchen Vorlagen lassen sich Details entnehmen und mehrfach auf dem Kopierer vergrößern, in bestimmten Fällen auch verkleinern. Die Elemente werden ausgeschnitten, die fertigen Bildhintergründe auf Plakatkarton aufgezogen.

Prinzip Collage und mobiles Layout

Klienten können diese Verfahren und Materialien verwenden, um ein subjektiv relevantes Geschehen aus ihrem beruflichen Alltag und der damit verknüpften sonstigen Lebenswelt zu *inszenieren*. Um die Chancen, geeignete Motive zu finden, zu erweitern, wählt die Klientin oder der Klient auch selbst aus Kunstbüchern, Katalogen oder anderem gedrucktem Bildmaterial aus. Diese Elemente lassen sich kopieren und in den jeweiligen Bildentwurf einfügen sowie zeichnerisch ergänzen. Prozesse des bildhaften Kombinierens, Umgestaltens, der Dekonstruktion und der Neuschöpfung kommen zum Tragen. Der Klient kann zunächst ohne

Themenstellung, später mit speziellen Themenstellungen arbeiten. Unabhängig von der thematisch freien oder gebundenen Vorgabe verläuft der Gestaltungsprozess ähnlich ab:

Der Klient wählt eine Serie von Zeichenelementen aus, probiert, arrangiert, experimentiert, hält an einer Idee fest oder verwirft diese. Er rückt die Elemente auf einer selbstgewählten Hintergrundgestaltung so lange hin und her, bis eine zufriedenstellende Anordnung gefunden ist. Dann werden die losen Elemente mit beidseitig klebenden Tesakrepp-Streifen angeheftet und eine oder mehrere Fotokopien hergestellt. Die Kopien werden dann mit zeichnerischen Mitteln weiterbearbeitet. Die Repertoires sind wieder verwendbar oder in Bildbearbeitungsprogramme übertragbar.

Zur Individualisierung, Fortführung, Vertiefung bieten sich Variationen in den Aufgabenstellungen, z.b. arbeitsfeldspezifisch angelegte, auf situative Gegebenheiten eingehende Thematisierungen an. So erhält der Klient einen Impuls und gleichzeitig eine Vorstellungsgrundlage, über die eine bildhafte Auseinandersetzung mit Erfahrungsinhalten stattfinden kann. Es findet eine *Komplexitätsreduktion* statt, das heißt die Auflösung der jeweiligen Aufgabenstellung in einzelne, materiell und inhaltlich neu motivierende Arbeitsschritte. Mit dem Prinzip der *Instruktionserhöhung* lassen sich alle animierenden, stützenden Maßnahmen bezeichnen, welche die Aufgabenstellung gliedern oder neue Elemente in das Problemlösungsverfahren einführen.[68]

Breites Spektrum an Verfahren und Materialien

Abgesehen von solchen sehr stark vorstrukturierenden Verfahren können natürlich sämtliche anderen verfügbaren ästhetischen Aktivitäten wie Malen, Drucken, Collagieren, Umgestalten oder Verfremden und alle nur denkbaren Materialien herangezogen werden. Je mehr sicheren Boden der Klient bereits unter den Füßen hat, desto eher sollte auf zu enge Vorgaben und Vorstrukturierungen, was die Bildtechniken und Materialien betrifft, verzichtet werden. Thematisch kann dann sehr wohl ein bestimmter Rahmen gesetzt werden, der sich aus der gesamten Zielrichtung oder einer Schwerpunktsetzung des Coaching-Prozesses ergibt. Zugleich kommt hier ein gewisser kunstpädagogischer Anteil zum Tragen, weil es auch sinnvoll sein kann, Klienten bestimmte technische Möglichkeiten aufzuzeigen oder zu vermitteln, damit sie ihre Ausdrucksmöglichkeiten erweitern und steigern.

Prinzip Umgestaltung

Thematisch besonders eindrucksvolle oder für den spezifischen Weiterentwicklungsprozess des Klienten relevante Bildwerke, nehmen wir als Beispiel Albrecht Dürers *Melencolia,* lassen sich vorzugsweise auf der Basis umgestaltender Techniken erfahren. Diese Bildwerke werden photokopiert, zerschnitten, neu kombiniert, zeichnerisch ergänzt, übermalt, überklebt oder verfremdet, jedenfalls zu einem eigenständigen Bildentwurf umgearbeitet oder in einen solchen eingefügt.

Bildmaterialien aus den Medien

Der weiterhin für unsere Arbeit interessante Bereich der *Medien,* des Films, des Fernsehens, der Plakate oder die grenzenlose Bilderwelt des Internets lässt sich in der Weise einer Bearbeitung zugänglich machen, dass Filmausschnitte, Fotos oder Elemente aus Fotos mit in die ästhetischen Auseinandersetzungsprozesse einbezogen und zur Grundlage produktiver Gestaltungen gemacht werden. Auch die modernen computergestützten Bildbearbeitungsprogramme bieten eine Fülle an Gestaltungsmöglichkeiten.

Besonderheiten des Künstlerischen

Der *ästhetische Stoff* in seiner Gesamtheit weist nach Hans-Günther Richter[69] eine Reihe von Besonderheiten auf, die für den Auseinandersetzungsprozess im Rahmen von Coaching aufschlussreich und bedeutungsvoll sind. Das Kunstwerk ist zunächst *objektiviert, vergegenständlicht. Die künstlerische Vorstellung erscheint in einem sinnlich wahrnehmbaren materialen Gebilde (Materialität).*

Das zweite Merkmal des Ästhetischen ist seine *Symbolizität.*[70] Als Kennzeichen *des Symbolischen* gelten das *Bildhaft-Anschauliche*, die *Verdichtung* und die *Bedeutungsübertragung*, d.h. *der Darstellung ist etwas beigelegt, beigefügt, was ihr in einer `reinen´ (analogen) Form - wenn es sie gäbe - nicht zukommt.*[71] In der psychoanalytischen Theorie schließlich tritt zu den genannten Merkmalen noch der Vorgang der *Substitution* bzw. *Verschiebung*, das heißt nach den Regeln der Traumarbeit bzw. der hysterischen (neurotischen, J.B.) Symbolisierung wird ein (latenter) Inhalt durch einen anderen (manifesten) ersetzt.[72]

Als weiteres Merkmal des ästhetischen Stoffes nennt Hans-Günther Richter[73] dessen *Mehrdeutigkeit*. Trotz der Ähnlichkeit zwischen dem realisierenden Material und dem bezeichneten Inhalt ist die Beziehung selbst nicht so eindeutig wie in der sprachlichen Verständigung. Das Bild als *Komplexion solcher Beziehungen ist mehrdeutig* und bedarf einer Auslegung. Als objektivierter Gegenstand ist das ästhetische Objekt ferner als Ergebnis eines vielschichtigen produktiven Prozesses anzusehen, in den affektive und rationale Momente eingehen. So ist auch die symbolische Mitteilung selbst als *Ineinander dieser Momente* aufzufassen.[74]

Für eine Charakterisierung des ästhetischen Stoffes sei resümierend festgehalten, dass es sich um *objektivierte*, d.h. materialisierte, hergestellte Gegenstände mit symbolischem Charakter handelt, deren Mehrdeutigkeit nach besonderen

Auslegungsmethoden verlangt, die also dem *verstehenden* Zugang auf besondere Weise unterworfen sind. Die ästhetischen Produktionen unterliegen einem permanenten Wandlungsprozess. Sie sind gleichzeitig als *nicht-sprachliches Mitteilungssystem mit besonderer Struktur* anzusehen.[75]

Unbeachtetes kommt an die Oberfläche

Gleichgültig, ob Kunst nun produktiv, rezeptiv oder in einer kombinierten Weise erlebt und erfahren wird: *Kunstwerke können Störungen aktualisieren von Unbeachtetem, Unbehaglichem, auf Veränderung Drängendem [...] machen spürbar, dass in Störung und Umstrukturierung Sinnrichtungen sichtbar und Gestaltungsprozesse freigesetzt werden* (Wilhelm Salber).[76]

Der Umgang mit Kunst macht auf Entwicklungsstrukturen aufmerksam; `Symptome´ bleiben ohne diese fundamentalen Strukturen unverständlich und sie lassen sich ohne deren Wandlung auch nicht lösen.[77] Was nun beabsichtigt wird ist, dass *Entwicklungsmöglichkeiten, die unverfügbar wurden,* wieder in den *Umsatz des Totals gebracht* werden.[78]

Materialien, Bildfragmente aus Coaching-Prozessen

Im Folgenden werden nun eine Reihe von bildhaften Ausschnitten aus Coaching-Prozessen präsentiert. Dabei könnte deutlich werden, dass es sich um bestimmte Grundmuster an Problemen und Schwierigkeiten handelt, um spezifische, existentiell und kollektiv relevante Erfahrungen. Zum Teil handelt es sich um Originalmaterialien, die mir von Klientinnen und Klienten zur Reproduktion überlassen wurden mit der Auflage, diese einigermaßen zu anonymisieren. Zu einem weiteren Teil handelt es sich auch um nachträgliche Rekonstruktionen von Bildmaterialien, Ausschnitten, Fragmenten. Mir war nicht wichtig, Einzelbeispiele in aller Tiefe zu erörtern, sondern die thematische Breite in den Bildentwürfen aufzuzeigen. Auch geht es hier nicht um tiefenhermeneutische Interpretationen. Niemand anders als die Klientin oder der Klient selbst weiß, die eigenen Bildwerke besser zu deuten.

Zum Erreichen einer gewissen Systematik wurden vor allem zwei Gruppen von Bildmaterialien unterschieden. Die erste bringt zunächst in thematischer Hinsicht die Probleme und Schwierigkeiten auf den Punkt. Die zweite Gruppe an Bildrealisationen zeigt bereits Ansätze eines Probehandelns, um Veränderungen in der realen beruflichen Welt, und indirekt auch in der persönlichen Welt, anzubahnen.

Bildvariationen zum Coaching

Zunächst zeige ich einige selbstgefertigte Bildvariationen zu dieser Art von Arbeit, so wie ich sie selbst verstehe, praktiziere und in den beiden einleitenden Kapiteln hergeleitet und begründet habe und wie ich sie in den nachfolgenden Kapiteln praktisch und an Beispielen dokumentieren werde. Das in Worten Gesagte wird somit auf die bildhafte Ebene, auf der wir uns im Folgenden bewegen wollen, übertragen. Dabei wird insbesondere das Motiv des Wagenlenkers, des *coachman*, aufgegriffen, der es sich zum Ziel setzt, es mit der *melencolia* in der Berufswelt aufzunehmen.

Bildhafte Variationen zum Coaching

Der Weg führt durch einen weniger befestigten Grenzstrei-fen, in dem man mehr zulässt. Im Experimentieren mit Kunst werden Chancen und Begrenzungen künftiger Entwicklun-gen erfassbar.

Wilhelm Salber[79]

Coach, Klient und Coaching-Prozess stehen häufig vor der Aufgabe, einer Art Melancholie zu begegnen, die ihren Schleier über das gesamte berufliche Leben und Erleben gelegt hat und aktives Handeln verhindert. Wie in Albrecht Dürers *Melencolia* dominiert dabei eine von Schmerz, Traurigkeit oder Nachdenklichkeit geprägte Gemütsstimmung. Diese birgt jedoch auch kreative, schöpferische Potenziale in sich. Der ästhetisch fundierte Coaching-Prozess versucht, diese freizulegen und freizusetzen, um erneut aktives Handeln zu ermöglichen und somit Veränderungen und Transformationen zu fördern.[80]

Hier geht es um die Meisterschaft im Umgang mit den emotionalen Bedürfnissen. Der Coach steuert sein von einem Mischwesen aus Adler und Skorpion gezogenes Gefährt dicht über den Gewässern des Emotionalen. Die Kutsche geht jedoch nicht in diesen Gewässern unter. Wünsche und Bedürfnisse müssen wahrgenommen und erkannt werden, denn sie sind die fundamentalen Triebkräfte unserer Lebensenergie. Statt sie zu unterdrücken, können sie für den Prozess der Bewusstwerdung und Transformation genutzt werden. Die Schlange im Kelch erscheint als Symbol der Verwandlung und Weisheit.[81]

Das Durchschneiden von Verstrickungen und die Befreiung aus begrenzenden Vorstellungen steht hier thematisch im Vordergrund. Dieser Wagenlenker holt mit dem Schwert aus, um die Verbindungen zu den drei Figuren, die den Wagen ziehen, zu durchschneiden. Diese stellen beschränkende Ideen, Glaubensätze, Gefühle, irrationale Überzeugungen oder einengende Beziehungen dar, welche die Bewegung des Wagens und damit die persönliche Weiterentwicklung aufhalten könnten. Wir selbst sind es, die aufgrund unserer Glaubens- und Gedankensysteme bestimmte Situationen schaffen. Wir fallen nicht zufällig in sie hinein. Der Kristall im Wagen verweist auf die klarer werdende, sich kristallisierende Wahrnehmung. Einschränkende Situationen im Beruf wie im sonstigen Leben sind dazu da, uns auf die überkommenen, meist aus der Kindheit stammenden Wahrnehmungs-, Denk- und Handlungsmuster aufmerksam zu machen, um sie sodann für immer zu überwinden.[82]

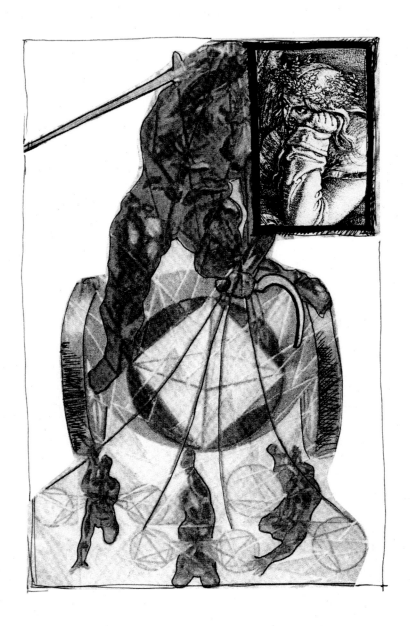

53

Die Haltung dieses Wagenlenkers drückt Bestimmtheit, Offenheit, Freiheit, Macht und Energie aus. Alle Sinne stehen im Dienste von intensiver und intuitiver Kreativität. Der Coachman dieses feurigen, von einem kräftigen Löwen gezogenen Wagens überrascht mit seinen originellen Lösungen und Ideen. Seine Gedanken sind kühn und erfüllt mit kreativer Kraft. Er tritt aus der Dunkelheit ins Licht. Neue Bereiche des Lebens werden erobert. Die Welt wird aus einer veränderten und erweiterten Perspektive betrachtet. Das Herz des Wagenlenkers öffnet sich. Es dominieren jugendlich überschäumende Kraft und Lebensfreude. [83]

Dieser Wagenlenker verkörpert den Vorgang der Blüte und der Befruchtung. Er sitzt auf einem sehr stabilen Gefährt, das von einem kräftigen Stier gezogen wird. Globus und Zepter in seinen Händen deuten auf sein kosmisches und globales Bewusstsein. Der Stier steht für festen Willen, Zielorientierung, Unerschütterlichkeit und Beharrlichkeit. Der Coach repräsentiert hier den Einsatz des Körpers und die Bereitschaft, in Aktion zu treten, zugleich Besonnenheit und Vertrauenswürdigkeit im Umgang mit Menschen.[84]

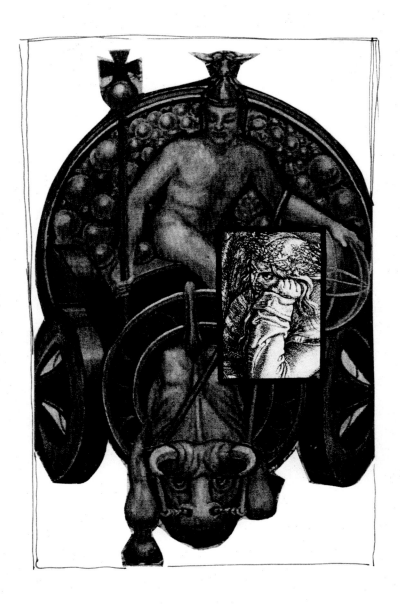

Rekonstruktionen zu Themen und Problemen

Werke zeigen, was gemacht, erfahren, erlitten wird [...]. Die Beschreibung von Bildern ist eine Beschreibung seelischer Wirklichkeit.

Wilhelm Salber[85]

Die Hände sind gebunden. Es besteht nur wenig Bewegungsfreiheit. Der ganze Körper ist eingeschnürt. Es fehlt an Handlungsspielraum. Die institutionellen oder organisationsbedingten Vorgaben werden als zu eng erlebt. Sie machen das Atmen schwer. Eigene Initiative und schöpferisches Handeln werden so im Keim erstickt. Berufliche Entfaltung und Weiterentwicklung erscheinen in dieser Situation unmöglich.[86]

Das gesamte berufliche Erleben liegt unter einem bleiernen, drückenden und die Arbeitssituation trübenden Schleier. Die persönlichen Energievorräte neigen sich dem Ende zu. Es ist zur Zeit keine Perspektive für eine persönliche Weiterentwicklung im Arbeitsfeld erkennbar. Die tagtäglich anzugehenden Aufgaben und Probleme erscheinen zunehmend als unlösbar. Es dominiert ein Gefühl der Handlungsunfähigkeit, der Verzweiflung und Depression. Dieser Zustand greift auch auf das private Leben über.[87]

63

Eine Therapeutin spricht vom Gefühl großer Müdigkeit. Über Jahre, ja Jahrzehnte, hat sie anderen zugehört, sich auf deren Sorgen und Nöte konzentriert, mitgefühlt, das Gehörte zurückgespiegelt. Sie hat das Portrait einer Frau aus einer Modezeitschrift ausgewählt und Falten in das Gesicht eingezeichnet.[88]

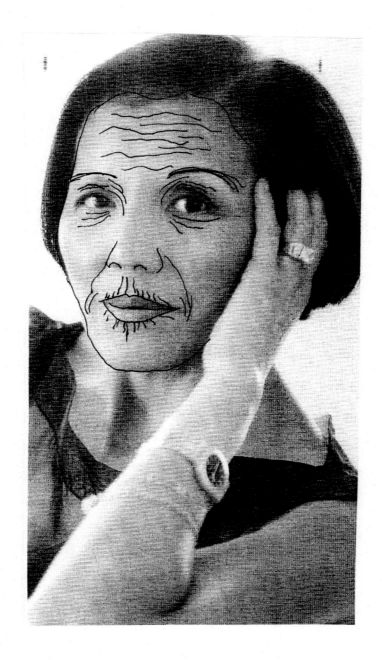

Die in einem bestimmten Arbeitsbereich zu tragende Verantwortung den dort zu versorgenden Menschen gegenüber wird als ein immer schwerer werdendes Gewicht auf den eigenen Schultern erlebt. Persönliche Überforderung? Übertriebener Kräfteverbrauch durch den Einsatz falscher Strategien? Systemisch oder institutionell bedingte Überlastung, durch objektiv ungünstige Arbeitsstrukturen? Oder überhöhte moralisch-ethische Anforderungen an den eigenen Arbeitseinsatz, quasi im Sinne einer Opferbereitschaft? Der Körper ist gebeugt. Die Schultern sind verspannt und der Rücken schmerzt. Die Einheit aus Person und Organisation oder Institution kippt aus dem Gleichgewicht, mit den entsprechenden Konflikten und Schuldgefühlen im Inneren.[89]

Entfremdung zwischen einem einzelnen und einer Gruppe hat sich breit gemacht. Der Faden der Kommunikation ist gerissen. Es gibt keinen wirklichen Kontakt mehr. Differenzen zu bestimmten fachlichen Fragen oder persönliche Kränkungen, Konflikte, Zurückweisungen im Rahmen der Arbeitsbeziehungen, aber auch Erfolgs- oder Misserfolgserlebnisse in Zusammenhang mit Karrierewünschen und Veränderungsprozessen mögen zu diesem Bruch geführt haben. Da, wo man zwangsläufig zusammensitzt, wird der Riss im sozialen Miteinander offenbar: Innerlich ausgestiegen und äußerlich draußen.[90]

Was ursprünglich zusammengehörte, fällt nun auseinander. Die im beruflichen Feld geforderten Rollen, Verhaltensmuster und Prinzipien treten ganz oder teilweise in Widerspruch zur Person selbst und zu ihren Wertvorstellungen, Bedürfnissen und Überzeugungen. Dies mag in bestimmten institutionellen oder organisationsbedingten Vorgaben, im Verlust des Idealismus, in übertriebenen Vorschriften oder in Rollenüberlastung begründet liegen.[91]

Ein Mensch, der sich vielleicht etliche Jahre im Rahmen einer pädagogischen oder sozialen Einrichtung engagierte, hat sich verausgabt. Immer geringer wurden die noch vorhandenen Energien, um die täglichen Aufgaben zu bewältigen und etwas im positiven Sinne zu verändern. Er fühlt sich weder von seinen Vorgesetzten noch von seinen Kollegen verstanden und unterstützt. Möglich ist auch, dass jemand in einer Führungsposition derart vereinsamt, dass auch hier menschlich wie fachlich der Rückzug angetreten wird. Bestimmte Kränkungen, Fehlschläge oder verdrängte und ungelöste Konflikte aus dem beruflichen Feld oder der eigenen Berufsbiographie können ein solch bedrückendes Erleben begünstigen.[92]

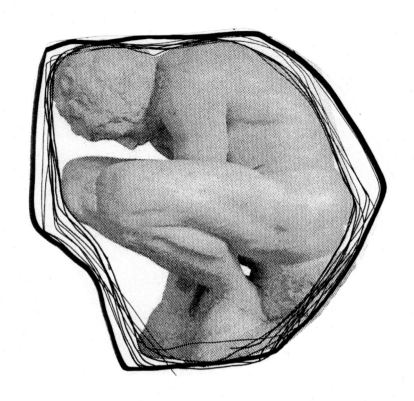

Zwei, die zusammen arbeiten, finden keine gemeinsame Basis. Dabei kann es sich um eine hierarchisch angelegte Vorgesetzten-Untergebenen-Beziehung oder auch um eine kollegiale, symmetrische Beziehung handeln. Es kommt zu Divergenzen in der Auffassung, zu Disharmonien, vielleicht sogar schwerwiegenden Konflikten. Möglicherweise passen die Wertvorstellungen, die jeweils eingesetzten Methoden und Vorgehensweisen nicht zueinander. Gemeinsam zu lösende Probleme in der Praxis des Arbeitsfeldes oder der Institution werden unterschiedlich beurteilt und durch kontraproduktive, einander blockierende Strategien vielleicht sogar verschärft. Oft handelt es sich auch um Machtspiele, den Kampf um Dominanz, Respekt oder Anerkennung. Möglicherweise werden alte Kränkungen und Verletzungen wirksam, die in der gemeinsamen Arbeitsgeschichte liegen. Sie drängen immer wieder an die Oberfläche, damit endlich ein klärender Abschluss gefunden werden kann.[93]

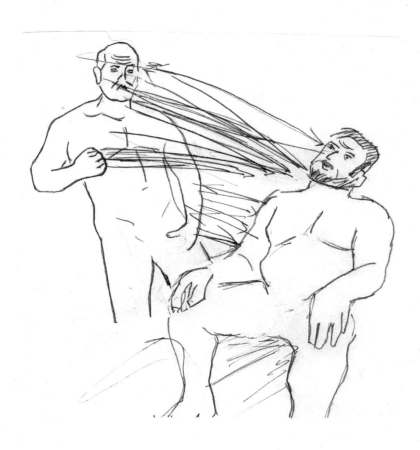

Bestimmte Erfahrungen in der beruflichen Biographie haben zu mehr oder weniger gravierenden Verletzungen und Beschädigungen geführt. Dies mag mit Enttäuschungen, Kränkungen, Zurückweisungen, mit destruktiver oder böswilliger Kritik oder hinterhältigen Angriffen und perfiden Machtspielen in Zusammenhang stehen, die ein Mensch in einem beruflichen Kontext erlitten hat, und dies bei dem Versuch, seine ursprünglich verfolgten Ideale und Ziele zu verwirklichen.[94]

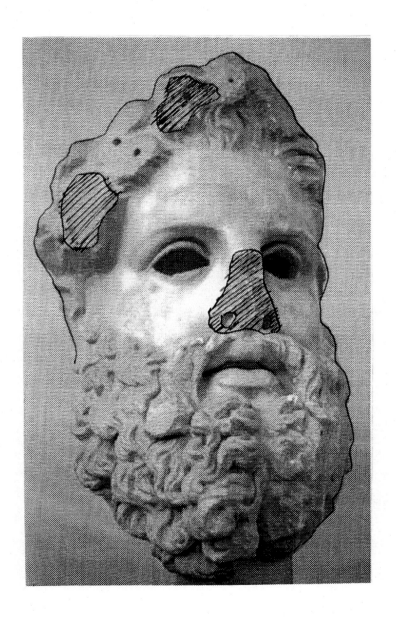

Die Arbeitssituation ist durch Stillstand und Stagnation gekennzeichnet. Es fehlt auf der ganzen Linie an Veränderungswillen, an der Lust, Neues auszuprobieren, an Entwicklung und Perspektive. Eine ungeheuerliche Schwere macht sich breit. Diese zieht nach unten. Möglicherweise wirken sich hier alte, ungelöste Verstrickungen negativ aus, indem sie positive Veränderungsprozesse verhindern. Diese Konflikte und Verwicklungen können sowohl auf der innerpsychischen als auch auf der zwischenmenschlichen beruflichen Erlebnisebene liegen.[95]

Jemand hat das Gefühl, dass etwas gegen ihn im Gange ist, dass Kollegen oder Vorgesetzte etwas gegen ihn im Schilde führen. Die Atmosphäre ist geprägt von Unaufrichtigkeit. Es wird mit verdeckten Karten gespielt. Möglicherweise ein destruktives Machtspiel? Oder arbeite ich nicht gut genug? Müsste ich mich mehr engagieren? Müsste ich mich offener und kommunikativer geben? Dominieren hier vielleicht Eifersucht und Neid? Bin ich eventuell zu farbig in meinem schöpferischen Denken und Handeln? Fühlen sich die anderen durch mich in den Schatten gestellt?[96]

Es dominieren emotionale Verstrickungen, die den rationalen Blick auf die anzugehenden Probleme und Aufgaben verstellen. Diese Verstrickungen beruhen vielleicht auf ungeklärten Konflikten mit Vorgesetzten oder Kollegen, auf der fehlenden Übereinstimmung zwischen der aktuellen Berufstätigkeit und den eigentlichen Berufswünschen, auf Schuldgefühlen und Selbstzweifeln, die aus überhöhten beruflichen Leitbildern resultieren. Weil auf diese Weise so viel Energie gebunden ist, weil möglicherweise noch viele Ängste wirksam sind, gibt es auch keinen entscheidenden Schritt in die Freiheit. Ein Vorankommen, ein Fortschritt ist nicht in Sicht.[97]

Soziale Helfer definieren sich recht häufig als *gute Hirten*, die hilflose, gesellschaftlich benachteiligte Menschen *hüten* oder *retten* wollen. Der Hirte im Bild gerät nach langer beruflicher Wegstrecke ins Straucheln. Die Kräfte haben ihn verlassen. Er geht in die Knie. Das kleine Schaf auf seinen Schultern hätte er vielleicht noch weiter tragen können, wären da nicht die übergroßen gehörnten Ziegenböcke, die er gleichfalls mitzuschleppen hat. Die herausgestreckte Zunge des weißen und die düstere Diabolik des schwarzen Bockes verweisen auf das Unmäßige in den Erwartungen, auf die gelegentlichen Zumutungen, die durch bestimmte Klienten, Schüler oder Patienten an die sozialen Helfer herangetragen werden können. Müssen sich soziale Helfer opfern? Wie lässt sich den gesellschaftlich und religiös geprägten Leitbildern, die sich oftmals in einem tyrannischen Über-Ich niedergeschlagen haben, entkommen?[98]

Der Kampf um Dominanz oder Macht und das Spiel damit sind uralte menschliche Beschäftigungen, die fast jedes Arbeitsfeld subtil oder offen durchziehen. Im Idealfall ist eine Machtposition rein sachbezogen definiert. Doch immer wieder werden narzisstische Befriedigungen aus einer solchen bezogen. Auf der Seite der Untergebenen kann es zu Gefühlen der Abhängigkeit, der Ohn-Macht eben, und das Aufbegehren gegen die als inhuman erlebte Machtstruktur kommen. Eine Quelle für unzählige Spannungen und Konflikte in Institutionen und Organisationen.[99]

Vor dem Hintergrund erstarrter und verkrusteter Strukturen in einer Organisation oder Institution haben sich bestimmte Wahrnehmungs- oder Verhaltensmuster habitualisiert, die der Weiterentwicklung der eigenen Persönlichkeit und dem Schaffen fruchtbarer Arbeitsbeziehungen entgegenwirken. In gravierenden Fällen geht dieser auf Angst, Abwehr und Rigidität beruhende Prozess so weit, dass die Identität einzelner schwer beschädigt oder deformiert werden kann. Die negativen Wirkungen entfalten sich dabei in beide Richtungen: in die Richtung desjenigen, der Rigidität und Abwehr kultiviert, als auch in die Richtung desjenigen, der ihr als Objekt ausgesetzt ist. [100]

89

Mit Wucht wurde hier jemand zu Fall gebracht. Ein engagierter Wissenschaftler sieht sich als Opfer boshafter Intrigen, von Missgunst und Neid im Rahmen eines Berufungsverfahrens. Er sieht seine Chancen auf einen Lehrstuhl, und damit auf ihm angemessen erscheinende Arbeitsmöglichkeiten, schwinden. Das Gleichgewicht ist dahin. Die Ereignisse wurden wie ein ungeheuer heftiger, überraschender Schlag empfunden. Das berufliche Selbstverständnis wurde arg beschädigt und in Frage gestellt. Der ganze Zusammenhang wird als Stürzen, Fallen, Zu-Boden-gehen erlebt.[101]

Als Arzt im Krankenhaus ständig das Gefühl zu haben, sich teilen und hetzen zu müssen, um die großen Patientengruppen adäquat und zügig zu versorgen. Die Daueranspannung und der Wunsch, allen Anforderungen und Notwendigkeiten gerecht zu werden, erzeugen Zeitdruck und Unruhe. Der Wechsel von Tag- und Nachtdienst reizt zusätzlich die Nerven. Der medizinisch vorgebildete, wissende und diskussionsfreudige Patient von heute, der zugleich sehr zuwendungsbedürftig ist, rundet das Dilemma ab, das sich für den Arzt ergeben kann.[102]

Als Krankenschwester für zu viele Patienten zuständig zu sein, kaum Zeit für den Einzelnen zu haben, ständig mit dem Gefühl des Gehetztseins zu arbeiten und zu leben, schließlich zu wenig Anerkennung und Unterstützung zu bekommen von Verwaltung, Ärzteschaft, Gesellschaft, zum Teil auch von den Patienten selbst sowie von deren Angehörigen. Mit übertriebenen Erwartungen, zum Teil aggressiv vorgetragenen Forderungen und Ansprüchen konfrontiert zu sein. Sie hört: *Pflegen kann doch jeder.* Und gleichzeitig: *Beeile dich! Arbeite schneller! Du bist nicht gut genug!* Der innere Konflikt, dem einzelnen Patienten nicht gerecht zu werden, die Erinnerung an das ursprünglich ins Auge gefasste Berufsideal wird zunehmend zur Qual und nagt am Selbstbewusstsein der Pflegekraft.[103]

Als Lehrer an einer Sonderschule für Lern- und Erziehungs-hilfe eine hochbrisante und konfliktgeladene Zusammenbal-lung von Kindern oder Jugendlichen in einem extrem engen räumlichen und institutionellen Rahmen unterrichtlich und therapeutisch versorgen sowie beaufsichtigen zu müssen. Die zumeist fehlsozialisierten oder traumatisierten, mit den entsprechenden Lernblockaden und Verhaltensproblemen reagierenden Heranwachsenden wurden hier mittels ihrer eigenen Identifikationsfiguren aus der Serie *Dragon Ball Z* in Szene gesetzt. Der Lehrer sieht sich in dem engen Rah-men zunehmend eingekeilt. Seine Bemühungen verschwin-den in einem *Fass ohne Boden.* Das gesellschaftlich produ-zierte und sich ausweitende Potenzial an Konflikten, Ag-gressionen, Lärm und Unvernunft verursacht ihm Stiche in der Brust.[104]

Eine nach außen robust wirkende Persönlichkeit wird im Inneren sehr stark beeinflusst, ja tyrannisiert von Ansichten, Erwartungen, Verhaltensmustern, Forderungen oder Machtansprüchen anderer, Dinge, die im Laufe des bisherigen beruflichen wie privaten Lebens verinnerlicht worden sind. Es fehlt an Entschiedenheit, das Eigene und das Andere, Drinnen und Draußen, das Selbst und das Nicht-Selbst, *ich* und *du* oder *ihr* radikal voneinander abzugrenzen. So muss sich schließlich der Körper gegen die Eindringlinge von außen wehren. Die Atemwege schlagen Alarm und geraten in Unruhe. Unter der Muskulatur arbeitet es. Bestimmte Regionen verhärten oder verspannen sich.[105]

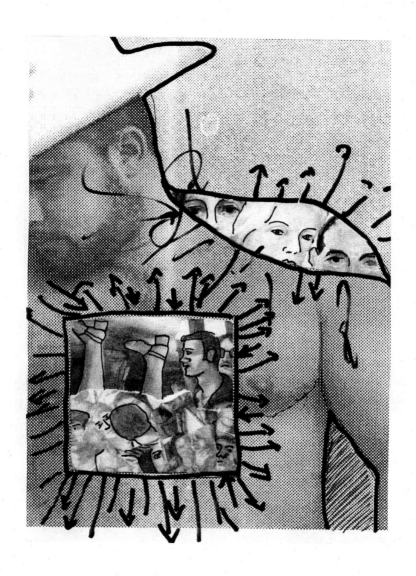

Eine selbstständig arbeitende Bauingenieurin behauptet sich in einer Männerdomäne. Das berufliche Feld wird als wild tosende Brandung erlebt, die auf subtile Weise Unruhe ins Leben bringt. Das Einwerben und Abwickeln von Aufträgen muss gemeinsam mit den familiären Verpflichtungen und Aufgaben unter einen Hut gebracht werden. Es entsteht mitunter eine ungute, elektrisierende und negative Spannung, im Bild symbolisiert durch den blitzartigen Strahl.[106]

Ein hochgestellter Versicherungsmanager lebt in der ständigen Sorge, der in seiner Branche um sich greifenden Rationalisierung und ständigen personellen Erneuerung zum Opfer zu fallen. Immer wieder hat er den Eindruck, dass *an seinem Sessel gesägt* wird. Die Konkurrenz der Jüngeren und zum Teil besser Ausgebildeten ist groß... Die Kälte und Skrupellosigkeit kennt - in seinem Erleben - keine Grenzen.[107]

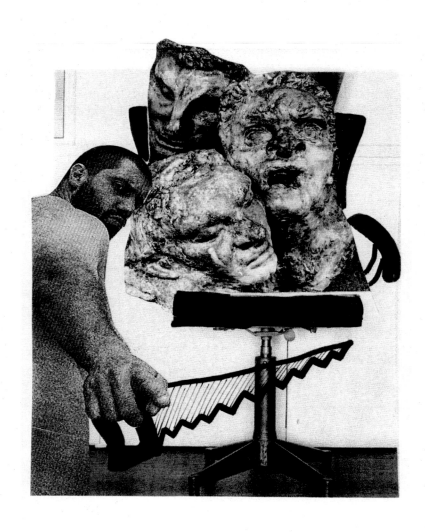

Eine Modedesignerin thematisiert in ihrer Collage Rivalität, Konkurrenz und intrigantes Verhalten innerhalb ihres Arbeitsgebietes. Ihr ursprüngliches professionelles Selbstverständnis orientierte sich an Teamarbeit und Kreativität. Was sie nun zum Teil erlebt, ist jedoch Oberflächlichkeit, Neid, Missgunst und Gefühlskälte.[108]

Ein hochgestellter Ministerialbeamter rekonstruiert seinen Weg nach oben. Vor Jahren begann er einmal als Verwaltungsjurist in einer Behörde. Je höher er gelangte, desto mehr nahmen Uniformität, Leere und Erstarrung in seiner Umgebung und zugleich in ihm selber zu.[109]

Ein Kleinunternehmer thematisiert seine Alltagsbelastung. Er fühlt sich ständig angespannt. Vor dem Hintergrund der Konkurrenz mit anderen Betrieben dominiert das Gefühl des Abgehetztseins. Er kann sich nicht mehr entspannen. Er kommt nie wirklich zur Ruhe.[110]

Veränderungsprozesse und Probehandeln im Bild

Jedes Bild bezieht sich auf Verwandlung und es ist auch selbst eine Verwandlung.

Wilhelm Salber[111]

Die Entfremdung von der Institution, Organisation oder von den eigenen, ursprünglich anvisierten Zielen und Idealen, ging bereits so weit, dass das Gefühl entstanden ist, nicht mehr als ein Sklave, ein Gefangener zu sein, der einem zunehmenden Prozess der Deformation, der Selbstauflösung, des Sterbens unterworfen ist. So kann sich der *sterbende Sklave* einerseits in einen Torso, in ein Fragment seiner selbst, in einen leblosen Restkörper verwandeln. Allerdings kann er auch neu erstarken, seinem Körper neue Spannkraft verleihen und schließlich gar in die Offensive gehen, um eine Veränderung seiner ursprünglich miserablen Lage einzuleiten und sich so neue berufliche Entwicklungsmöglichkeiten verschaffen. [112]

Wer sich in seinem Beruf verausgabt hat, wer über viele Jahre viel gegeben und sich oftmals über seine Kräfte hinaus engagiert hat, muss über Quellen zum Auftanken verfügen, und wenn diese versiegt sind, ist es an der Zeit, neue Quellen zu erschließen. Diese können literarischen, philosophischen, künstlerischen, religiös-spirituellen, sportlichen oder anderen Ursprungs sein. Die Erschließung einer solchen lebens- und energiespendenden Quelle ist ein wichtiger Schritt in Richtung auf ein erfülltes Berufsleben. Das Aufnehmen und Abgeben von Energie müssen in einem ausgeglichenen Wechsel erfolgen.[113]

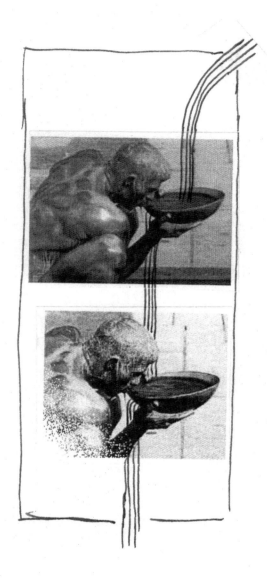

Durch das Nach-innen-Gehen, durch die vorübergehende Abschottung von der Außenwelt, von sozialen Kontakten, erfolgt eine Rückbesinnung auf die im eigenen Innern stattfindenden Prozesse. Emotionen und Gedanken werden gefiltert und kommen zur Ruhe. Das Einnehmen einer solch kontemplativen, meditativen Haltung lässt sich durch das Anwenden bestimmter revitalisierender Praktiken fördern. Statt weiter zu versuchen, die beruflichen Aufgaben und Schwierigkeiten in einem atemlosen, oftmals blinden Aktionismus zu bewältigen, erscheint es sinnvoller, zu innerer Zentriertheit zu finden, um letztlich zu einer stärkeren Übereinstimmung mit sich selbst und den eigenen beruflichen Zielen und Wertvorstellungen zu gelangen. In der Ruhe liegt die Kraft. Tief atmen, die Augen schließen, sich strecken, durchs Wasser gleiten...[114]

Um Zustände der Erstarrung, Lethargie oder Depression im beruflichen Kontext aufzulösen, gilt es, Schwung zu holen und erneut in Bewegung zu kommen. Entscheidend ist hier die Tatsache, dass ich überhaupt wieder beweglich werde, körperlich wie geistig, in der Kommunikation mit mir selbst und mit den anderen. Das Vorhandensein von Energie kann schon erfahrbar werden in Form von Aufregung, Unruhe, Nervosität oder Reizbarkeit. Diese Zustände lassen sich als positive Zeichen deuten, denn Stressreaktionen bergen auch ein kreatives, da auf Veränderung drängendes Potenzial in sich. Wieder neu in Bewegung zu kommen ermöglicht, sich der Macht alter Ängste und Konflikte sowie systembedingten Einschränkungen und Lähmungen zu entziehen. Dies bedeutet auch, sich selbst wieder stärker als aktiv handelnden, seine Position nach eigenen Vorstellungen verändernden Menschen zu betrachten und zu definieren.[115]

Wer sich von seinem subjektiven Erleben her in einem Zustand der Fragmentierung und Deformation befindet, hat vermutlich viel von sich aufgegeben und viel mit sich geschehen lassen. Es besteht jedoch, zunächst auf der symbolischen Ebene, die Möglichkeit der Selbst-Reparation, des Sich-neu-Zusammen-Setzens. Die wiedergefundene Einheit, im Sinne einer neuen beruflichen Identität, erlaubt es schließlich, auch offensiv für seine persönlichen Bedürfnisse und Anliegen in einem bestimmten Berufsfeld sowie für die eigenen Wertvorstellungen einzutreten. Den punktgenauen Energieeinsatz üben, sich Übersicht verschaffen, Aufräumen und Entrümpeln, mentale Stärke entwickeln, negative Emotionen zurückdrängen, kraftspendende Emotionen aktivieren, Gefühle wahrnehmen und angemessen ausdrücken, für die anderen berechenbar sein und bleiben...[116]

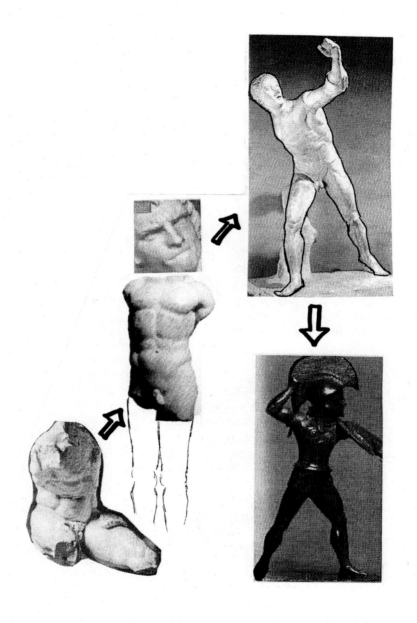

Festgefahrene interpersonale Konflikte in beruflichen Beziehungen, wie im *Kampf der Giganten* auf dem Fries des
Pergamon-Altars geschildert, lassen sich oft nicht ohne weiteres auflösen. Es besteht jedoch die Möglichkeit, aus dem
vorherrschenden oder eingespielten Konfliktmuster
auszusteigen und in einem ganz anderen, benachbarten Feld
oder Aufgabengebiet einen Schritt auf den Konfliktpartner
zuzumachen, und diesem innerhalb dieser konfliktfreien
Zone eine Brücke zu bauen. Auf diese Weise kommt neuer
Handlungsspielraum zustande. Zwar wird die grundsätzliche
Distanz zwischen beiden Kommunikationspartnern nicht
aufgehoben, doch kommt es durch den positiven, zumindest
aber neutralen Kontakt auf dem *Nebenschauplatz* zu einer
Auflockerung der Situation, zu einer neuen Beweglichkeit in
der Sichtweise. [117]

123

Wer sich über viele Jahre hochengagierter Arbeit im pädagogischen, sozialen, therapeutischen, seelsorgerischen oder medizinischen Feld verausgabt hat, muss rechtzeitig neue Kräfte aufbauen, will er oder sie auch weiter den eigenen humanitären Zielen treu bleiben. Gelegentlich wird es auch darum gehen, zu hoch angesetzte berufliche Idealvorstellungen zu korrigieren und diese stärker der Realität und den tatsächlich vorhandenen eigenen Möglichkeiten anzupassen. Je nachdem, wie weit der persönliche Verausgabungsprozess schon fortgeschritten ist, kann und muss es vielleicht erst einmal darum gehen, Kräfte aufzubauen für die eigene Selbstreparation, für die Wiederherstellung eines hinreichend gesunden und energievollen Grundzustandes der eigenen Person. Erst auf dieser Basis kann erneut an ein schwungvolles humanes Engagement gedacht werden.[118]

Menschen, die sich für eine helfende Berufstätigkeit entschieden haben, neigen häufig dazu, eigene Belange und Bedürfnisse wenig zu beachten oder ganz zu negieren. In erster Linie werden die Erfordernisse des jeweiligen Arbeitsfeldes gesehen. Das, was mich selbst betrifft, wird vernachlässigt. Dahinter stehen möglicherweise Ängste vor einer konflikthaften Auseinandersetzung mit Vorgesetzten oder Kollegen. Oder es stehen innere Überzeugungen, zum Beispiel es allen recht machen zu wollen, im Wege. In der nebenstehenden Bildgestaltung wird eine Neupositionierung erprobt. Ein Lehrer gesteht sich endlich das Anrecht auf eine bestimmte, eigene Position zu. Dies in Bezug zu seinen Kolleginnen und Kollegen, seinen Dienstvorgesetzten und im Verhältnis zu den Kindern und Jugendlichen sowie deren Eltern. Die Körperhaltung der Figur im Bild drückt diese Inanspruchnahme eines persönlichen Raumes aus, in den niemand mehr einzugreifen, den jeder zu respektieren hat.[119]

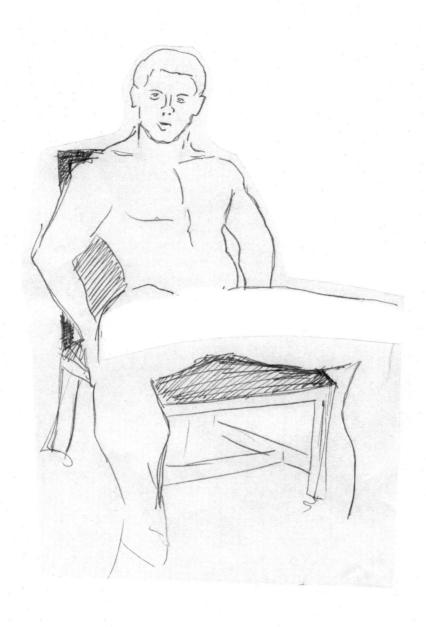

Sind alle Möglichkeiten, die Arbeitsbeziehungen neu und positiv zu gestalten, erschöpft, sowie den eigenen Handlungsspielraum innerhalb einer bestimmten Arbeitsplatzbeschreibung zu erweitern und stoße ich in diesen Bemühungen dauerhaft an Grenzen, die mir als zu eng erscheinen, liegt es nahe, die jeweilige Institution oder Organisation zu verlassen. Die Zeit ist dann reif, sich aus dem bisherigen beruflichen Rahmen zu lösen, Neuland zu erkunden und etwas anderes zu versuchen. Nach der Überwindung des als zu eng empfundenen Handlungsfeldes, nach der Beseitigung der hierin liegenden Blockaden, werden positive Energien freigesetzt. Sind die Hindernisse aus dem Weg geräumt, kann die Erneuerung aller Lebensbereiche beginnen. Nun gilt es, sich einen offeneren und durchlässigeren Handlungsspielraum zu verschaffen.[120]

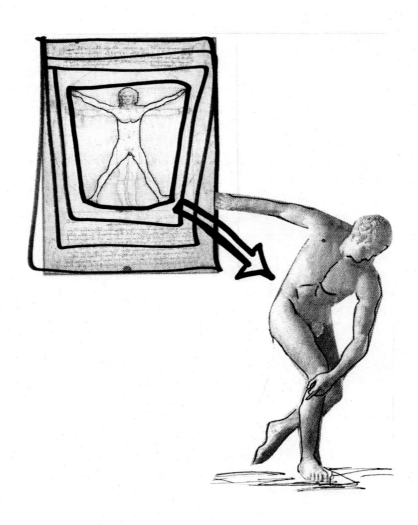

Verletzungen, Kränkungen, Zusammenstößen und Stürzen in einem beruflichen Feld auszuweichen oder diesen vorzubeugen kann vielleicht am ehesten gelingen, indem ich mich sehr viel achtsamer als bisher vorantaste und die Dinge, die um mich herum geschehen, intensiver zu erspüren suche. Das Entwickeln von Sensibilität und Achtsamkeit, sollte gekoppelt sein an eine erhöhte Langsamkeit. Wer sich vorsichtiger bewegt und den dabei aufgenommenen Sinneseindrücken, nach innen wie nach außen, sorgfältiger als bisher nachspürt, hat auch mehr Zeit, seine Reaktionen und Initiativen abzuwägen und reflektiert einzusetzen.[121]

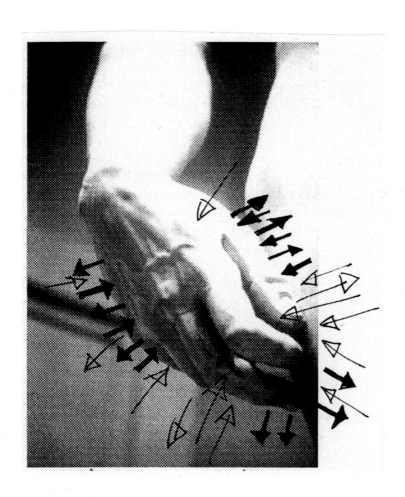

Reisen als Selbstanalyse. Fast jede Nacht in einem anderen Bett. Eine Arbeitswanderung, ein Selbstversuch, ein Experiment mit sich selbst, schreibend dokumentiert und vergegenwärtigt. „Die Einsamkeit in dem Getümmel ist natürlich unerträglich" schreibt Sigmund Freud.[122] Und doch liegen hier Chancen und Möglichkeiten der Entdeckung, der Selbsterkundung. Die Aneignung einer Landschaft, einer Stadt durch Gehen. Die Schritte akzentuieren. Das Gesehene und Erlebte in wenigen Stichworten festhalten. Den Körper zu einem natürlichen Rhythmus finden lassen. Das Alleinsein, die Müdigkeit und die Anstrengung wecken die inneren Kräfte, sodass der Mensch leicht wird, heiter und aufmerksam. Es kommt zu kleinen unerwarteten Begegnungen... Reisen ist auch Träumen. Es hilft herauszufinden, was wir brauchen und was wir nicht brauchen, um glücklich und zufrieden zu leben.[123]

Auszüge aus einem Reisetagebuch:

... *olivgrün fällt das Licht in die Seitenkapelle dieser Kirche Ravennas. Zu beiden Seiten eines kleinen Altares befinden sich verblasste Fresken. Sie zeigen ein Stilleben mit strohgelbem Krug, vor dekorativen, floralen Elementen nach barockem Vorbild. Ein Teil des Wandputzes ist abgefallen. Das Motiv ist gerade noch erkennbar. Die eigentliche Wirkung liegt im suggestiven Spiel der Farbflecken und des starken Lichtes, das gefiltert durch das grüngetränkte Glas hereinfällt...*

...*der Komponist Gaetano Donizetti war mir bisher nicht weiter ein Begriff. Ich schlendere also durch die città alta von Bergamo, entdecke – auf der Flucht vor der Mittagshitze - in einer kleinen Gasse, in einem etwas herunter gekommenen Palazzo, das Museo Donizetti. Opernmusik dringt nach unten in den Hof, entfernt. Ich gehe der Musik nach, folge den Treppenstufen nach oben und stehe zwischen ölgemalten Portraitbildern in leuchtend goldenen Rahmen, Klavieren, einem Flügel, Vitrinen mit Notenblättern und Alltagsgegenständen aus dem Leben des Komponisten. Ein signore macht einen beherzten Schritt auf mich zu, es ergibt sich schnell ein Gespräch....*

.... *eine kleine pizzetta auf der Hand vor dem teatro sociale treffe ich den signore später wieder. Natürlich müsste ich mir dieses alte Theater aus dem 19. Jahrhundert ansehen, die Scala di Bergamo. Ein mysteriöser, suggestiver Ort, eine*

Frau erzählt voller Pathos aus der Blütezeit des Theaters...
Die morsch gewordene Deckenverkleidung ist irgendwann
im Laufe der Jahre heruntergestürzt. Regenwasser hat den
Verfall der kreisrund auf vielleicht fünf bis sechs Etagen
verlaufenden Balkone und Galerien, auf denen hellgrüne,
altrosa oder ockerfarbene Flecken schimmern, beschleunigt
... Die signora fasst sich ans Herz...

....Aus einem leicht geöffneten Fensterladen eines Palazzo,
unmittelbar an der Piazza di Papa in Ancona, dringt Kla-
viermusik. Unten am Brunnen macht ein kleines schwarz-
häutiges Mädchen in einem schulterfreien pistazienfarbe-
nen Kleid Tanzschritte, wie in einem Ballett. Vielleicht der
Versuch, der Gleichgültigkeit dieser jahrhundertealten
Mauern pulsierendes Leben und persönlichen Ausdruck
entgegenzusetzen. Doch schon erlischt die Musik, verebbt
auch der Tanz. Am Ende ist doch alles morbide, ein kurzes
Aufflackern, Aufbäumen, Sich-Drehen, und schon wird alles zu Staub. In den Kirchen riecht man es. Die weißen Ro-
sen und Lilien sind gerade geschnitten und doch schon dabei zu verrotten...

... Über dem hochsommerlichen Bologna kamen nachts und
morgens Sturzbäche von Regen herunter, dem kraftstrot-
zenden Neptun zu Ehren und zu meiner Abkühlung.
Draußen im angrenzenden Innenhof prasselt das Wasser
noch....

... eine kleine, unscheinbare Ausstellung in Mailand. Bronzen von Francesco Messina, der aus einem kleinen Dorf in der Nähe von Catania stammt und später in Mailand als Professor für Bildhauerei arbeitete. Besonders eindrucksvoll die Bronze „Il marciatore", ein zielstrebig seinen Weg gehender Mann. Ich sehe mich plötzlich aus der Außenperspektive und halte die Luft an. Wie sieht es wohl für einen Unbeteiligten aus, wenn er mich dabei beobachtet, wie ich meinen Weg gehe? Und erst die Pferdebronzen! Kraftstrotzende Hengste, galoppierend, sich auf die Seite werfend, die Geschlechtsteile zeigend, und eines dieser cavalli springt sich vor lauter Kraft zu Tode, indem es auf dem Hals aufkommt...

... Das Abendlicht, das warmgelb unter Bolognas Bogengänge strömt. Eine lachsfarbene, hoch in den abendlichen Himmel aufragende Fassade auf der Piazza del Plebiscito in Anconas Altstadt. Putz, Fenster und Läden zeugen von alter Größe und schleichendem Verfall...

... Es ist noch früh, am Sonntag. Stille über der Piazza del Plebiscito. Ich schaue von oben herab, auf den Treppenstufen sitzend. Hinter mir das hohe Portal einer Kirche. Nichts bewegt sich, bis die Glocke im Turm gegenüber schlägt, auf der anderen Seite der Piazza, die steil nach unten zum Hafen abfällt. Nur eine Katze schleicht vorüber. In einer der oberen Etagen öffnet sich ein Fensterladen, vorsichtig, zögernd, und schließt sich wieder, ...

.... *Mit dem Zug von Ort zu Ort, Erkundungsgänge in den Städten, viel zu Fuß, mit dem regionale die Adria hinunter, direkt am Meer vorbei. Durch die offenen Fenster schlägt warm die Luft herein. Der grüne Stoff der Vorhänge flattert vor dem Azurblau des Himmels...*

... *Spät abends sitze ich erneut auf der Piazza hoch oben auf den Stufen. Die Laternen tauchen alles in ein sepia- oder ockerfarbenes Licht. Darüber türmt sich ein leuchtendes Blau. Es ist, als läge ein großes Stück Transparentpapier über den Häuserdächern und jemand würde von der dem Meer zugewandten Seite mit einer hellen Lampe dagegen leuchten. Eine Art blaues Glühen über Ancona und dem Meer... Ancona, eine Drehscheibe für Überfahrten und Passagen jeder Art. Der Duft von griechischem Wein und die Klänge türkischer Musik wehen über das Meer....*

... *dieses Rausgehen aus Allem, aus den vertrauten Strukturen, keine Rücksichten mehr, keine vernünftige Tagesplanung mehr, die womöglich Frau, Kind oder Freund einschließt, einfach den eigenen Impulsen folgen, durch die grünen Hügel südlich von Bologna wandern, sich in dem vorgefundenen Rahmen einer Stadt, einer Landschaft bewegen, den jeweiligen Spielraum ausloten, sich ohne viel Mühe zu den Dingen verhalten, hier und da ein unverbindliches Gespräch, ein Geplänkel anfangen zu den Besonderheiten eines Ortes, dem Erreichen eines bestimmten Zieles, dem Korrigieren eines eingeschlagenen Weges...*

... Was diese Art zu reisen ist? Leer werden, nichts müssen, alles auf sich zukommen lassen, sich treiben lassen, sich selbst Grenzen auferlegen, offen werden für das Unvorhergesehene, Kontakte zulassen oder vermeiden, völlig spontan sein, ganz nach eigenem Geschmack an bestimmten Orten verweilen, das Erleben dort intensivieren, andere Orte wiederum an sich vorüberziehen lassen oder sich dem vordergründig Öden dennoch aussetzen, um vielleicht hinter diese Schicht zu blicken, etwas bisher Unbekanntes zu entdecken...

Um seinen eigentlichen beruflichen Zielen und Wertvorstellungen schrittweise näher zu kommen, oder aber um den eigenen Energie-Haushalt optimaler zu regulieren, kann es sinnvoll sein, bestimmte Kontakte in der jeweiligen Institution oder Organisation zu intensivieren oder zu lockern. Wichtig ist, sich mit Menschen kooperativ und kommunikativ zu vernetzen, die die eigenen Energiereserven nicht strapazieren oder ausbeuten, sondern die einem helfen, das eigenen Energie-Reservoir zu stabilisieren. Sind solche Menschen innerhalb der Institution oder Organisation nicht in Sicht, gilt es, außerhalb nach ihnen Ausschau zu halten. Wichtig ist, Rückhalt in sozialen Netzen zu suchen, Nähe und Vertrautheit mit anderen Menschen herzustellen, um körperlich und seelisch gesund, um beruflich funktionsfähig zu bleiben.[124]

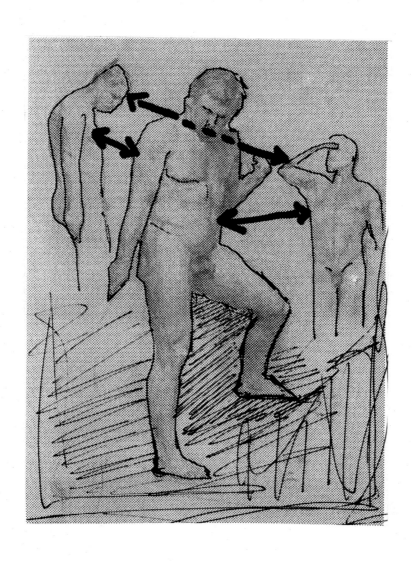

Das Auftreten des Schutzengels steht hier für die Möglichkeit, Vertrauen in sich selbst, die eigenen Fähigkeiten und Handlungspotenziale zu entwickeln. Ist man mit dem betrieblich oder institutionell vorgegebenen Auftrag, der immerhin noch eine individuelle Ausgestaltung und Konkretisierung erfährt, und dadurch auch zu einer persönlichen Wert- und Zielvorstellung wird, im Reinen, ist es wichtig, der eigenen Bestimmung und dem eigenen Weg in Ruhe und ohne ständige Selbstzweifel und innere Diskussionen zu folgen. Alles ist gut. Ich kann mich fallen lassen. Ich fühle mich wohl, auch wenn ich nicht alles, ursprünglich Anvisierte erreicht habe. Es macht einfach Spaß zu leben und zu arbeiten. [125]

Die Gewissheit und die Selbstzufriedenheit, eine Fülle an Schwierigkeiten gemeistert zu haben. Die Frucht langjährigen beruflichen Engagements, des Durchwanderns von Höhen und Tiefen in einem bestimmten Arbeitsfeld oder gar auf mehreren verschiedenen Gebieten, ist Gelassenheit. Diese bedeutet nicht ein Nachlassen in der Hinwendung zur Aufgabe, sondern mehr Überblick und Weitsicht. Moden und Strömungen auf dem jeweiligen Fachgebiet, neue Entwicklungen und Veränderungen in der institutionellen oder organisatorischen Struktur, die episodisch immer wieder auftretenden emotionalen Aufregungen und Exzesse in den Teams, in den Beziehungen zwischen Vorgesetzten und Untergebenen, im Verhältnis bestimmter Professioneller zu ihren Klienten, all dies wird zwar wahrgenommen, bis zu einem bestimmten Punkt auch aufgenommen. Doch diese, den beruflichen Alltag bestimmenden Phänomene vermögen nichts an der stärker werdenden inneren Ruhe, Zentriertheit und Standfestigkeit zu ändern.[126]

Für die Leiterin einer Kindertagesstätte in einer Großstadt geht es darum, das Gleichgewicht zu halten. Um ihre eigene Konzentration zu schärfen und ihr Bewusstsein zu erhöhen, balanciert sie mit hochhackigen Schuhen achtsam über das Seil ihres Lebens. Sie folgt ihren inneren Überzeugungen: Ich schaffe, was ich mir vorgenommen habe. Ich finde mich und meine Leistungen in Ordnung. Ich arbeite gerne mit anderen zusammen. Ich kann andere so nehmen wie sie sind. Ich habe Lust, mich anzustrengen und etwas zu wagen. Ich finde mein Leben und meine Arbeit sinnvoll. Ich übernehme gerne neue Aufgaben, um meine Fähigkeiten zu erweitern. Für den Fall, dass sie auf ihrem Weg einmal das Gleichgewicht verlieren sollte, hat sie sich ein weiches Polster geschaffen, hier symbolisiert durch das auf dem Boden aufgeschichtete Haar, wohl ein Netz an wohlmeinenden, unterstützenden Menschen, Freundinnen und Freunden.[127]

Die Überarbeitung und Umgestaltung des Narren verweist auf die Notwendigkeit, spielerisch mit Situationen umzugehen. Sie deutet vielleicht auf die Bereitschaft, ein neues Wagnis einzugehen. Das Auftauchen des Narren im Bild zeugt vom Mut, zu sich selbst zu stehen, das eigene schöpferische Potenzial auf eine spielerische Weise zu leben und zum Ausdruck zu bringen. Das Durchbrechen alter, eingefahrener Konditionierungen erscheint jetzt möglich. Der *Tiger der Angst* beißt zwar noch, ihm wird aber keine Aufmerksamkeit mehr zuteil, wodurch er seine Macht verliert. Die Hörner des Narren und seiner bildhaften Variationen deuten auf die erweiterte Wahrnehmung. Humor und Leichtigkeit und ein tiefergehendes Verständnis der Dinge werden möglich. Lachen hat viele gesundheitsfördernde Effekte. Humor fördert die Teamarbeit. Leichtigkeit und spielerische Vorgehensweise führen auch zu einer positiveren und andere gewinnenden Ausstrahlung.[128]

Berufsbiographisch bedeutsame Metaphern in der Kunst

Aspekte, die mit dem Berufsleben von Menschen zusammenhängen, wurden mit dem Beginn der Neuzeit auch Gegenstand künstlerischer Darstellung und Gestaltung, wenn berufliche Tätigkeiten auch kein bevorzugtes oder besonders dominantes Thema von Kunst waren. Hans Holbein etwa malte das *Portrait des Kaufmanns Georg Gisze* (1532), Gerrit van Honthorst zeigte einen *Zahnarzt* (1622) bei seiner Arbeit und Jan Vermeer malte den Künstler mit Modell und Staffelei (*Die Malkunst*, 1665), die *Perlenwägerin* (1664) oder die *Spitzenklöpplerin* (1669). Rembrandt verewigte in *Die Anatomie des Dr. Tulp* (1632) einen praktizierenden Arzt und Wissenschaftler.

Besonders in der Epoche des Naturalismus und Realismus kam es zu einer Hinwendung zum Alltagsleben und damit auch zu einer künstlerischen Darstellung von Arbeit und beruflichen Tätigkeiten. Die *Ährenleserinnen* (1857) von Jean-Francois Millet, die *Wolgatreidler* (1872) von Ilja E. Repin, die *Steinklopfer* (1851) von Gustave Courbet oder *Das Eisenwalzwerk* (1872-75) von Adolph von Menzel sind Beispiele für diese Entwicklung.

Die meisten dieser Bilder erwecken den Anschein, dass der darin gezeigte Mensch in innerer Übereinstimmung, in sich ruhend seiner Arbeit nachgeht, voller Hingabe, ohne jeden Anklang moderner Zerrissenheit und Konflikthaftigkeit. Die Bilder wirken als lebten und arbeiteten die Menschen noch im Rahmen einer gottgegebenen und nicht weiter hinterfragbaren Ordnung.

Ähnlich ist es mit *Die Schlosser machen Pause* (1944) von Alex Colville, dem *Kesselflicker* (o.J.) von Friedrich von Bömches, dem *Bildnis des Fabrikanten Dr. Julius Hesse mit Farbprobe* (1926), dem *Bildnis des Fotografen Hugo Erfurth mit Objektiv* (1925), dem *Bildnis des Juweliers Karl Krall* (1923), allesamt gemalt von Otto Dix.

Andere Bildwerke dienten vermutlich dem Zweck, insbesondere das Arbeiterleben zu idealisieren, zu überhöhen, vielleicht gar zu heroisieren, etwa der *Schweißer* (1971) von Volker Stelzmann, der *Stahlwerker* (1968) von Willi Neubert, *Meister Heyne* (1971) von Frank Ruddigkeit, der *Brigadier* (1970) von Bernhard Heisig, der *Monteur* (1964) von Karl Erich Müller oder *Abstich im Stahlwerk* (1972) von Willi Neubert.

Nun sind das nicht die Berufsgruppen, die in erster Linie Coaching nachfragen. Wir haben es ja weniger mit Arbeitern und Handwerkern zu tun, als mit Menschen, die komplexe Aufgaben zu managen und Entscheidungen zu treffen haben, die viel mit anderen kommunizieren müssen. Doch dominiert auch in den oben genannten Bildwerken der Eindruck, dass es sich um geschlossene, in sich stimmige und stabile Berufswelten ohne ein besonderes Konfliktpotenzial handelt. Dies mag zum einen am historischen oder gesellschaftlichen Kontext, zum anderen auch an der tatsächlichen Einfachheit, Klarheit und Überschaubarkeit der genannten Berufstätigkeiten, insbesondere der handwerklichen, liegen.

Der Mensch der Postmoderne lebt dagegen vor allem in dem Gefühl, dass er sein berufliches Erleben, seinen beruflichen Erfolg oder Misserfolg, sein diesbezügliches Glück oder Unglück selbst zu verantworten hat. Und aus diesem Gefühl der Verantwortlichkeit resultiert vielfach Rastlosigkeit. Mitunter kommt es auch zu dem ständigen Drang oder Zwang, seine eigene Arbeitssituation zu verbessern, zu optimieren, jedenfalls zu verändern in Richtung auf mehr Handlungsspielraum, mehr Einfluss, gesellschaftliche Anerkennung oder ein höheres Einkommen.

Zu einem stärkeren Hinterfragen von Wirklichkeit, zum Aufscheinen von Ambivalenz, Irritation und einer gewissen Brüchigkeit kommt es etwa in Werken wie *Der Soldat trinkt* (1912) von Marc Chagall, *Die Gauklerfamilie* (1905) von Pablo Picasso, dem *Bildnis des Dr. Hans Koch* (1921) von Otto Dix, *Professor für romanische Sprachen* (1973) von Alex Colville oder *Die Forscher* (1998) von Friedrich von Bömches. *Pflugzieher und Weib* (1902) von Käthe Kollwitz stehen gar unter dem Vorzeichen sozialer Anklage.

Unmittelbare Bezüge zu den Strukturen der modernen Wirtschaftswelt zeigen sich etwa in einem großformatigen Aluminiumguss des amerikanischen Künstlers Robert Longo. Diese Arbeit trägt den Titel *Krieg der Großkonzerne. Mauer des Einflusses* (1982). Das Relief zeigt ein wildes Ineinander von Menschen, die sich gegenseitig mit Fäusten attackieren, aggressiv nach der Kehle des anderen greifen, aneinander herumzerren, einander zu Boden werfen und jeweils versuchen, wieder nach oben zu kommen.

Eine systematische Durchforstung aller Kunstsparten und historischen Epochen würde weitere Bildbeispiele an die Oberfläche bringen, in denen Aspekte aus den verschiedenen Berufswelten thematisiert worden sind. In der praktischen Arbeit können wir auf alle diese Bildwerke zurückgreifen, um in rezeptiven, betrachtenden oder produktiven, umgestaltenden Prozessen herauszuarbeiten, wie sich heutige Arbeitswelten aus der Sicht der Klientin oder des Klienten darstellen, was darin ist oder nicht mehr ist, oder in Zukunft (wieder) sein soll.

Ansonsten ist die Kunstgeschichte randvoll mit Bildwerken zu der gesamten Skala an menschlichen Konflikten, Tragödien, Niederlagen, Siegen und Erfolgen, Boshaftigkeiten und Enttäuschungen. Die Künstlerinnen und Künstler haben diese Themen natürlich nur selten direkt mit Arbeitsfeldern oder beruflichen Fragen verknüpft und doch könnte so manches genau in diesem Metier spielen.

Weil diese Themen jedoch in der beruflichen Gegenwart von Klienten vorkommen und zum Teil auch das private, persönliche Leben überschatten, zumindest aber beeinflussen, haben wir auch die Möglichkeit, aus dem Fundus der Kunst alles das herauszuschöpfen, was für die Bearbeitung und Überwindung dieser aktuellen Konfliktthemen benötigt wird. Mit Hilfe des Prinzips Umgestaltung, durch Dekonstruktion, Zerlegung, Neu-Konstruktion, Montage und Collage lassen sich alle nur möglichen Bildelemente verwenden und in einen subjektiv relevanten thematischen Zusammenhang stellen.

Viele Fundstücke lassen sich auch im metaphorischen Sinne auf unser Anliegen eines berufsbezogenen Coaching übertragen. Nimmt man etwa eine Serie von Zeichnungen aus dem Oeuvre von Friedrich von Bömches wie *Der Tunnel* (1995), *Der überlegene Spieler* (1992), *Der Neid* (1989) oder *Schach-Matt* (1990). Mit diesen Metaphern, besser: Bild-Metaphern, lässt sich ebenfalls berufsbezogen arbeiten. Sie geben Impulse, sie aktivieren Erfahrungsinhalte und sie stoßen Auseinandersetzungsprozesse an.

So manches, was ich von Klienten zu ihrer Berufsbiographie hörte, erinnerte mich in der Tat an einen *Tunnel*. Und viele von ihnen fühlten sich an bestimmten Punkten ihrer beruflichen Karriere *Schach-Matt* gesetzt. Im metaphorischen Sinne haben selbst die weiter oben genannten Handwerksberufe in unserem Kontext etwas zu *bedeuten*. Bringt das Bild des *Steinklopfers* nicht das Schicksal jenes Lehrers auf den Punkt, der ein Leben lang aus der Bahn geratene Kinder und Jugendliche *erziehen* musste, auch als er schon längst nicht mehr wollte, aber keinen Ausweg aus seinem beruflichen Weg fand? Wie viele Menschen im sozialen Feld rackern sich ab wie die *Wolgatreidler*, die mit dicken

Seilen umspannt, langsam das Flussufer hinaufstapfen, um einen schwer beladenen Kahn zu ziehen? Und *Der überlegene Spieler?* Alltagsgeschehen in Banken, Versicherungen und Konzernen.

Anhand von vergleichenden Analysen solcher Bildwerke aus verschiedenen Epochen, wie sie hier in kleiner Auswahl und ohne Anspruch auf Vollständigkeit aufgelistet wurden, lassen sich Veränderungen in den beruflichen Tätigkeiten selbst, in deren religiöser, philosophischer oder politischer Sinnauslegung ausmachen.

Für die gegenwärtige, durch Flexibilisierung und Mobilität gekennzeichnete Arbeitsgesellschaft könnten nun besonders zwei Bild-Metaphern interessant sein, wie sie zentral im abstrakten Werk der Künstlerin Julia Prejmerean-Aston thematisiert werden: Die *Brücke* und der *Hafen.* Dies mit Blick auf die Spannungen und Konflikte, die aus den modernen Berufsbiographien resultieren können.

Die Brücke fungiert dabei als Metapher für das Erobern anderer Ufer, das Suchen nach neuen Erfahrungen, aber auch für das Verbinden und Vernetzen in einer modernen Welt. Der Hafen dient als Metapher für das Aufbrechen, das Suchen von neuen Herausforderungen und das Zurückkehren, die Sehnsucht, wieder an einem vertrauten und sicheren Ort anzukommen. Damit sind Prozesse bezeichnet, die von alters her die Biographien von bestimmten Menschen oder Gruppen charakterisiert haben und sich in der Gegenwart zu intensivieren scheinen. Ist der postmoderne Berufsmensch nicht ständig unterwegs und will er nicht immerfort irgendwo ankommen?

Sowohl die Hafen- als auch die Brückenbilder von Julia Prejmerean-Aston befinden sich unter der thematischen Klammer des *Winterblues.* Dieses Motiv verweist auf eine Musik, die sich durch langsames Tempo, eine gewisse Schwermut und Melancholie auszeichnet. Der Winterblues als Motiv enthält Anklänge an die dunkle Jahreszeit mit den langen Abenden und Nächten, als einer Zeit des Rückzugs nach innen, der Selbsterforschung, des Auswertens während des Jahres gemachter Erfahrungen, des Herausfilterns von Erkenntnissen. Möglicherweise geht es dabei auch um das Sich-Trennen von Illusionen, das Aufbegehren gegen Enttäuschungen, aber auch das Vorbereiten einer neuen Kreativität und Produktivität. Potenziale und Energien brechen auf.

Der melancholische Zustand, wie wir ihn anhand zahlreicher Bildfragmente, um Dürers Schlüsselbild der Melencolia herum, im mittleren Teil dieses Buches rekonstruiert haben, erfährt nun Veränderung und Überschreitung im künstlerischen Prozess, im freien, absichtslosen Spiel mit Farben und Formen. Bildelemente schweben im Raum, Linien suchen sich einen Weg, schwingen vor und zurück, scheinen zu vibrieren und Töne in den Raum zu senden. Eine wohltuende Stille liegt über diesen von Julia Prejmerean-Aston geschaffenen Farbflächen und gelegentlich lässt sich eine leise Melodie wahrnehmen.

Besonders die Farben hinter oder zwischen den Brückenträgern und Pfeilern, inmitten der Anlagestellen, Liegeplätze oder Einbuchtungen des Hafens stimulieren die Imagination, wecken Assoziationen, bringen etwas in Bewegung. Die Farben präsentieren sich in immer neuen Variationen, etwa in dem auf das Ätherische, Geistige verweisenden, nach Freiheitsräumen strebenden Blau, im Hafen partiell auch übergehend in ein wärmespendendes Gelb, sowie dem Leben und Wärme, Emotionen in verschiedenen Steigerungsstufen signalisierenden Rot.

Manche Bildelemente deuten auf Mauern, Fenster, Pfeiler oder Bootsstege. Zugleich sind es völlig freie Bildklänge. Symbole des Bei-sich-Seins, des Ankommens, des zu Sichselbst-Zurückkehrens, Hinweise auf Bodenhaftung, Geborgenheit, die Verwurzelung des Selbst, auf der Schattenseite möglicherweise auch erlebt als Enge oder Eingeschlossensein, eine Polarität, die immer wieder neu ausbalanciert werden muss, im Beruflichen wie im Privaten.

Auch die Rezeption solcher Werke, in Zusammenhang mit einer Bestandsaufnahme eigenen professionellen Tuns, wird zu einem Ausloten innerer Zustände, zur Selbsterkundung, ohne dass die im Betrachter angestoßenen Erfahrungen, Eindrücke, Erkenntnisse eins zu eins in Worte übersetzt werden können oder müssen. Diese Malereien und zugleich die in Gang gebrachten inneren Bilder des Betrachters sind eine Annäherung an grundlegende menschliche Erfahrungen. Sie sind der Impuls für das Ausloten von Spielräumen für die eigene berufliche wie persönliche Existenz.

Es ist schon zu ahnen, dass es einfach mehr geben muss als das bloß Sichtbare, das nüchtern Zählbare, das schnell zu Überschauende, klar Zuzuordnende. Vielleicht suchen wir deshalb die Begegnung mit anscheinend schwer zugänglichen Werken, weil wir die Auseinandersetzung mit dem Unklaren, dem Ambivalenten, vielleicht Irritierenden suchen, weil wir insgeheim wissen, dass dies auch Teil unseres Lebens ist und weil wir das Transzendente als notwendige Ergänzung, als Überschreitung unserer oftmals trivialen Lebensverhältnisse ins Geistige herbeisehnen.

Die Bildvariationen von Julia Prejmerean-Aston sind eine einzige Metamorphose, indem sie auf einen andauernden Prozess der Verwandlung verweisen. Ziel ist der immer radikalere Verzicht auf alles Unnötige. Diese Bildvariationen verweisen zugleich auf alles Neue und Werdende, das Produktive und Zukünftige – in einer noch klareren und reineren Form. Wer diesen Werken offen und aufnahmebereit im freien Spiel der Vorstellungen gegenübertritt, vermag dies auch mit dem beruflichen wie dem privaten Leben selbst zu tun.

Die Brücke als Bild-Metapher ist eine Anspielung auf Passagen, Durchreisen, das Alte und das Neue. Das Land vor uns, der Weg hinter uns. Etwas Vertrautes wird verlassen und etwas Neues wird betreten. Besonders der seitliche Blick auf die Brückenkonstruktion, die vergrößernde Sicht auf Details, eröffnet Durchblicke, Einblicke, Erkenntnisse. Die Brücke steht hier auch für das Verbindende, Integrierende. Ist erst einmal alles abgeschritten, auch die anderen Ufer, das Gelände jenseits des Flusses, an dem wir stehen, die unbekannten Seiten der inneren wie der äußeren Welt, wird es rund und ganz. Das Motiv der Winterbrücke führt uns einerseits zurück zum Winterblues, den melancholischen, mal geistige Reinheit und Klarheit erzeugenden, mal Wärme transportierenden Melodien, die über glitzernden Schnee- und Eisflächen spielen, die mitunter wieder gefrieren. Zugleich verheißt das Motiv der Winterbrücke, dass auch Gräben, Grenzlinien und Grate überquert werden können und müssen, die einen zunächst frösteln lassen. [129]

Der Hafen erscheint in seiner vielschichtigen Symbolik einerseits als Verlockung und Möglichkeit, andererseits als Bedrohung und Mahnung. Er steht für Geborgenheit, Sicherheit, Vor-Anker-gehen. Der Hafen weckt aber auch etwas Sehnsüchtiges, Melancholisches, nährt das Aufbegehren gegen alles Etablierte und Eingespielte. Wir sehen die Fähren auslaufen und einfahren. Der Hafen als Drehscheibe für Überfahrten und Passagen jeder Art. Wir müssen auf die Reise gehen, um Neues zu entdecken, andere Sichtweisen einzunehmen, andere, vielleicht bisher weniger wahrgenommene Seiten des eigenen Selbst zu erforschen und zum Leben kommen zu lassen. Wir suchen das Andere, das die eigene Existenz Überschreitende, im Leben wie in der Kunst, und zugleich haben wir vielleicht Angst vor den fremden Gewässern, vor unkalkulierbaren Strömungen, Strudeln, Tiefen, Untiefen und versuchen daher, an überkommenen Sicherheiten festzuhalten. Das Kunstwerk vermag sich dieser Ambivalenz spielerisch anzunähern.[130]

Kontakt:

Dr. habil. Joachim Bröcher
Heddinghausen 99 A
D-51588 Nümbrecht
Tel. 0049-(0)2293-2007
e-mail: jbroecher@t-online.de

Anmerkungen

[1] Siehe den synoptischen Überblick von Rauen, C.: Coaching. Innovative Konzepte im Vergleich. Göttingen, 2. akt. Aufl. 1999

[2] Rückle, H.: Coaching. Landsberg am Lech 2000, S. 25

[3] Böning, U.: Coaching. Der Siegeszug eines Personalentwicklungsinstruments. Eine 10-Jahres-Bilanz. In: Rauen, C. (Hrsg.): Handbuch Coaching. Göttingen 2000, S. 17 – 39

[4] Vgl. Bröcher, J.: Der Schuh der Grundschullehrerin oder: Wie erotisch sind Interaktionsübungen? PÄD Forum, 12. Jg., 1999, August-Heft, S. 311 – 314 oder Bröcher, J.: Lehr-Kräfte zwischen Bewegung, Erstarrung und Zusammenbruch. Aufzeichnungen aus dem Sanatorium. Satire und Gedankenexperiment. In: PÄD Forum, 14. Jg., 2001, Heft 3, S. 164 – 172

[5] Looss, W.: Coaching für Manager. Problembewältigung unter vier Augen. Landsberg am Lech 1991, S. 139

[6] hierzu Schonert-Hirz, S.: Energy. Stress in Energie umwandeln, innere Kraftquellen entdecken, Ziele sicher erreichen. München 2002, S. 34

[7] hierzu auch Bröcher, J.: Stress und Belastung bei Sonderschullehrern. Einige Anregungen zur Prävention und aktiven Bewältigung. Förderschulmagazin, Heft 2, 2002 , S. 5 - 8

[8] vgl. auch Schonert-Hirz, S. 35

[9] Zum Thema *Verzweiflung* bietet Friedhelm Decher einen interessanten philosophischen Diskurs: Decher, F.: Verzweiflung. Anatomie eines Affekts. Lüneburg 2002

[10] vgl. auch Schonert-Hirz, S. 36

[11] hierzu auch Bröcher, J.: Kunsttherapie als Feld der beruflichen Weiterbildung: Erfahrungen, Erkenntnisse und Anmerkungen eines Lehrtherapeuten. Musik-, Tanz- und Kunsttherapie, 9. Jg., 1998, Heft 2, S. 94 - 105

[12] Peter Rech: Akt und Selbstdarstellung des Körpers. Kunsttherapeutische Wege an den Rändern der Identität. In: Integrative Therapie 1-2, 1991, S. 164 – 175

[13] Huck, H.H.: Coaching. In: H. Strutz (Hrsg.): Handbuch Personalmarketing, Wiesbaden 1989, 413 – 420, hier S. 413

[14] Dieser Zusammenhang ist insbesondere von Albert Ellis im Rahmen seiner rational-emotiven Therapie aufgezeigt worden

[15] vgl. Schonert-Hirz, S. 95

[16] a.a.O., S. 100
[17] a.a.O., S. 102 f.
[18] Bono, E. de (1967, engl. Orig.): Laterales Denken. Reinbek 1971. Bono, E. de (1972): PO beyond yes & no. Harmondsworth/ Middlesex 1978. Bono, E. de: Au service de la créativité dans l'entreprise – la pensée laterale. Paris 1973. Bono, E. de (1978, engl. Orig.): Chancen. Das Trainingsmodell für erfolgreiche Ideensuche. Düsseldorf, Wien 1992. Bono, E. de (1982, engl. Orig.): Denkschule. Zu mehr Innovation und Kreativität. Landsberg am Lech 1986. Bono, E. de (1998): Simplicity. London, New York 1999. Zur Anwendung Lateralen Denkens auf die Kommunikationsprobleme an einer Schule siehe auch: Bröcher, J.: Kann Denken bei der Lösung pädagogischer Kommunikations- und Kooperationsprobleme helfen? Ein imaginärer Dialog mit Edward de Bono. In: Wachtel, P. (Hrsg.): Entwicklungen fördern. Impulse für Strukturen und Organisationen. vds-Fachverband, Würzburg 2001, S. 30 – 38
[19] Michel Foucault hat diesen Begriff geprägt.
[20] Dieser thematische Zusammenhang ist besonders von Edward de Bono auf inspirierende Weise bearbeitet worden.
[21] Whitmore, J.: Coaching für die Praxis. Frankfurt/ Main 1994, S. 96 ff.
[22] Vgl. insbesondere den klientenzentrierten Ansatz von Carl Rogers.
[23] Vgl. die kommunikationstheoretischen Arbeiten von F. Schulz von Thun.
[24] hierzu auch Schreyögg 1999, S. 277 f.
[25] vgl. Joschke 1980
[26] Schreyögg, A.: Supervision. Ein integratives Modell. Paderborn 1991
[27] Schreyögg, A. (1995): Coaching. Eine Einführung für Praxis und Ausbildung. Frankfurt/ M., New York 1999, 4. Aufl., S. 278
[28] ebd.
[29] Schreyögg 1999, S. 282 f.
[30] Schreyögg 1999, S. 287
[31] vgl. Rückle 2000, 91 f.
[32] vgl. Bayer, H.: Coaching-Kompetenz. Persönlichkeits- und Führungspsychologie. München 1995, S. 115, 134
[33] vgl. Rauen 2001, 63

[34] hierzu zum Beispiel Bröcher, J.: Poetik des offenen Kunstwerks und Struktur des Unterrichts. In: Tagungsdokumentation „Novemberakademie", Universität Hamburg 21.-22.11.2002: Heterogenität macht Schule (i.D.)

[35] Jean-Paul Sartre (1943): Das Sein oder das Nichts. Versuch einer phänomenologischen Ontologie. Reinbek 1991, hier S. 322 ff.

[36] a.a.O., S. 833 ff.

[37] Richter-Reichenbach, K.-S.: Identität und ästhetisches Handeln. Präventive und rehabilitative Funktionen ästhetischer Prozesse. Weinheim 1992, 57 ff.; vgl. auch Richter-Reichenbach, K.-S.: Bildungstheorie und ästhetische Erziehung heute. Darmstadt 1983 sowie dies.: Männerbilder, Frauenbilder, Selbstbilder. Projekte, Aktionen, Materialien zur ästhetisch-kreativen Selbsterkundung. Aachen 1996

[38] Kant 1785 bzw. 1968, Bd. 6, S. 63 sowie 1797 bzw. 1968, Bd. 7, S. 345; zit. nach ebd.; Kant, I. (1785): Grundlegung zur Metaphysik der Sitten. Darmstadt 1968 (Bd.6). Kant, I. (1797): Die Metaphysik der Sitten. Darmstadt 1968 (Bd. 7)

[39] Richter-Reichenbach, K.-S.: Identität und ästhetisches Handeln. Weinheim 1992, S. 58

[40] ebd.

[41] a.a.O., S. 59

[42] Richter-Reichenbach 1992, S. 60 ff.

[43] vgl. auch *Reflexion-in-sich*, Hegel 1835 f. (1973); zit. n. Richter-Reichenbach 1996, S. 4

[44] Richter-Reichenbach 1992, S. 61

[45] mit Bezug auf Kant 1790 bzw. 1963, 460 ff.; Kant, I. (1790): Kritik der Urteilskraft (Neudruck der Ausgabe von 1924). Hamburg 1963; vgl. Richter-Reichenbach 1992, S. 63

[46] ebd.

[47] a.a.O., S. 63

[48] a.a.O., S. 64

[49] a.a.O., S. 96

[50] unter Hinweis auf Kant, I. (1781): Kritik der reinen Vernunft. Darmstadt 1975. Kant 1781 bzw. 1975, 45; zit. n. Richter-Reichenbach

[51] Richter-Reichenbach 1992, S. 97

[52] Schiller, F. (1795): Über die ästhetische Erziehung des Menschen in einer Reihe von Briefen. Stuttgart 1965. Schiller, F.: Sämtliche Werke, Bd. 3 (Hrsg. von F. Fricke & H.G. Göpfert). Stuttgart, Zürich & Salzburg 1961. Ferner: Schiller, F. (1793): Über Anmut und Würde. Stuttgart 1971

[53] vgl. Richter-Reichenbach 1992, S. 65 ff.; ebenso Richter, H.-G.: Ästhetische Erziehung und moderne Kunst. Ratingen, Kastellaun 1975 sowie ders.: Pädagogische Kunsttherapie. Grundlegung, Didaktik, Anregungen. Düsseldorf 1984

[54] vgl. Richter-Reichenbach 1992, S. 66

[55] ebd.

[56] Schiller, 19. Brief, S. 77, Richter-Reichenbach 1992, S. 67

[57] wir folgen wiederum der Darstellung von Richter-Reichenbach 1992, S. 74 ff.

[58] Hegel, G.W.F. (1835 - 1838): Ästhetik. Hrsg. von F. Bassenge. Berlin 1955. Hegel, G.W.F. (1835 - 1838): Vorlesungen über Ästhetik. Hrsg. v. E. Moldenhauer & K.M. Michel. Werke, Bd. 3. Frankfurt/ M. 1973; vgl. Hegel Bd. 2, S. 133

[59] Wilhelm Salber: Kunst, Psychologie, Behandlung. Bonn 1986, S. 72

[60] a.a.O., S. 237

[61] zit. n. Richter-Reichenbach 1992, S. 74; diese restituierende Arbeit an der Identität kann durchaus auch kollektive Bedeutung haben; hierzu etwa: Bröcher, J.: Die *Murales* in Diamante. Die Leidensgeschichte des Mezzogiorno, dargestellt in den Wandbildern zeitgenössischer Künstler. Musik-, Tanz- und Kunsttherapie, 10. Jg., 1999, Heft 4, S.186 - 196

[62] Humboldt, W.v.: Ästhetische Versuche. Studienausgabe Bd. 1. Frankfurt/ M. 1970, hier S. 138

[63] a.a.O., S. 69 ff.

[64] hierzu auch Hans-Günther Richter 1975, 1984

[65] vgl. Hans-Günther Richter, Pädagogische Kunsttherapie, Düsseldorf 1984

[66] vgl. hierzu auch den in den 90er Jahren etablierten Bereich der Copy-Art.

[67] vgl. Bröcher, J.: Bearbeiten von Erfahrung durch collage-unterstütztes Zeichnen. Kunst + Unterricht 158, 1991, S. 51 – 53; ders.: Bildraum und Lebensraum. Förderschulmagazin, 1997, 19. Jg., Heft 7/ 8, S. 47 – 49; ders.: Hilfen zum Aufbau des Bildraumes und zur Erweiterung des darstellerischen Repertoires. Das Mobile Bildsystem im Kunstunterricht bei eingeschränkten Darstellungsfähigkeiten, Misserfolgserwartungen und Verweigerungsreaktionen. Zeitschrift für Heilpädagogik, 51. Jg., 2000, Heft 11, S. 467 – 473

[68] H.-G. Richter 1991, S. 35 f.

[69] 1984, S. 27 ff.

[70] H.-G. Richter 1984, S. 28 f.

[71] vgl. H.-G. Richter 1984, S. 29

[72] ebd.

[73] ebd.

[74] a.a.O., S. 30

[75] vgl. H.-G. Richter 1984, S. 32

[76] Wilhelm Salber: Kunst, Psychologie, Behandlung. Bonn 1986, S. 186

[77] a.a.O., S. 220

[78] a.a.O., S. 222

[79] Wilhelm Salber: Kunst, Psychologie, Behandlung. Bonn 1986, S. 18

[80] Bildcollage: Albrecht Dürer *Melencolia* und Menschdarstellung aus dem Bildfundus des Internet; Collage, zeichnerische Überarbeitung; Verwendung eines computergestützten Bildbearbeitungsprogramms

[81] Bildmotiv, hier: *Prinz der Kelche*, S. 68 f., entnommen aus: Ziegler, G. (1984): Tarot. Spiegel der Seele. Handbuch zum Aleister-Crowley-Tarot. Sauerlach 1988, 10. Auflage, sowie der Engel aus Albrecht Dürers *Melencolia;* Collage und zeichnerische Überarbeitung

[82] Bildcollage unter Verwendung von: *Prinz der Schwerter*, Aleister-Crowley-Tarot, S. 73 f., sowie der Engel aus Albrecht Dürers *Melencolia;* Collage und zeichnerische Überarbeitung

[83] Bildcollage unter Verwendung von: *Prinz der Stäbe*, Aleister-Crowley-Tarot, S. 64 f., sowie der Engel aus Albrecht Dürers *Melencolia;* Collage und zeichnerische Überarbeitung

[84] Bildcollage unter Verwendung von: *Prinz der Scheiben*, Aleister-Crowley-Tarot, S. 78 f., sowie der Engel aus Albrecht Dürers *Melencolia;* Collage und zeichnerische Überarbeitung

[85] W. Salber: Kunst, Psychologie, Behandlung. Bonn 1986, S. 36 und S. 80

[86] Tintenzeichnung, Durchpausverfahren, Figur aus einer Illustrierten, zeichnerische Ergänzung

[87] Tintenzeichnung nach Illustriertenvorlage

[88] Zeichnerische Überarbeitung einer Fotokopie aus einem Modejournal

[89] Verwendung der Fotographie einer griechischen Skulptur; Einzeichnungen mit Filzstift und Tintenstift

[90] im hinteren Teil Nachzeichnung, Durchpause des Abendmahls, Relief, Naumburger Dom, 1250; Abzeichnung eines Elements aus einer Karikatur, ursprünglich von J.B. (vorne)

[91] Variierende Nachzeichnung einer Fotografie aus einem Journal, Durchpausverfahren

[92] Reproduktion einer Skulptur von Michelangelo; zeichnerische Ergänzung

[93] Gezeichnet mit Hilfe der Durchpaustechnik; die Figuren wurden Zeitschriften entnommen, eigenständige zeichnerische Ergänzungen und Überarbeitungen.

[94] Verwendung der Reproduktion einer griechischen Skulptur

[95] Durchpaustechnik unter Zuhilfenahme einer Fotografie aus einem Magazin; eigenständige zeichnerische Ergänzungen

[96] Durchpaustechnik unter Zuhilfenahme einer Fotografie aus einem Magazin; Verwendung eines Elements aus einer Karikatur von J.B., eigenständige zeichnerische Ergänzungen

[97] Verwendung der Reproduktion einer Laokongruppe, griechische Skulptur; Einzeichnungen mit schwarzem Filzstift

[98] im vorderen Teil Nachzeichnung, Durchpause des guten Hirten, 1. Hälfte 3. Jahrhundert; Museo del Laterano, Rom; Abzeichnung/ Durchpause aus einem Tierbuch (Ziegenböcke)

[99] Verwendung von Reproduktionen des Herakles und des Poseidon, griechische Skulpturen; Bilder aus dem Internet; Collage

[100] Abzeichnung und Umgestaltung von Bildvorlagen, einmal von J.B.; Collage und eigenständige Weiterführung

[101] Einzeichnungen mit schwarzem Filzstift in eine Arbeit von Franz Stassen

[102] Verwendung einer Reproduktion von Auguste Rodin, Büste, Selbstdarstellung; Phasencollage und Einzeichnungen

[103] Elemente aus Gemälden von Max Ernst: *Der Garten Frankreichs* (1962) oder *Die Einkleidung der Braut* (1939); Elemente aus Gemälden von René Magritte; Bildelement aus einem Modejournal; Einzeichnungen

[104] Verwendung einer Fotographie aus dem Internet und von Sammelbildchen aus der Serie *Dragon Ball Z*; Collage; Umrandung mit schwarzem Filzstift

[105] Verwendung verschiedener Internetmaterialien und von Ausschnitten aus diversen Kunstwerken nicht mehr identifizierbarer Herkunft

[106] Collage, Verwendung einer Photographie von Jean Guichard: *La Jument* und einer Frauendarstellung aus einem Modejournal

[107] Verwendung einer Fotografie/ Fotokopie einer Skulptur von Bourdelles: *Figures Hurlantes* sowie von Bildmaterialien aus dem Internet; Collage, Einzeichnungen mit schwarzem Filzstift

[108] Illustriertencollage

[109] Collage und Einzeichnung mit schwarzem Filzstift, Bildmaterialien aus einem Journal. Bildelement aus einem Gemälde von René Magritte (oben)

[110] Bildelement aus einem Nachrichtenmagazin. Einzeichnungen mit schwarzem Tintenstift.

[111] Wilhelm Salber: Kunst, Psychologie, Behandlung. Bonn 1986, S. 79

[112] Verwendung von Bildelementen: *Sterbender Sklave* von Michelangelo; weiterhin: *Poseidon* und Torso unbekannter Herkunft; Collage

[113] Norwegische Skulptur nicht bezeichneter Herkunft, Internet

[114] ägyptische Skulptur (hinten); Bildelement aus einem Journal (vorne)

[115] Ursprünglich Nachzeichnung/ Durchpause einer Figur aus einem Journal; anschließend Variation, Umgestaltung und zeichnerische Ergänzung, hier als Endergebnis einer Serie von vier oder fünf Entwürfen

[116] Verschiedene Elemente griechischer und römischer Skulptur; Collage, Einzeichnungen mit Filzstift

[117] Einbeziehung von reproduktiven Elementen zum Ostfries des *Pergamon-Altars*; Figuren durch Nachzeichnung/ Durchpausen von Vorlagen aus Journalen; Einzeichnungen mit Filzstift

[118] Verwendung eines Werbeplakats (Mitte) und von Bildelementen aus dem Internet; Collage, Décollage, Einzeichnungen mit schwarzem Filzstift

[119] Nachzeichnung/ Durchpause einer Nachzeichnung aus dem Internet; zeichnerische Ergänzungen mit schwarzer Tinte

[120] Verwendung einer Zeichnung von Leonard da Vinci, Reproduktion einer römischen Plastik

[121] Bildausschnitt zu Michelangelos *David*. Einzeichnungen mit Tinten- bzw. Filzstift in schwarz

[122] Sigmund Freud: Unser Herz zeigt nach Süden. Reisebriefe 1895 – 1923, Berlin 2002. Zitat aus einem Brief von 1908

[123] Auszüge aus einem Reisetagebuch von J.B., 2002

[124] Einzeichnungen in eine Arbeit von Franz Stassen mit schwarzem Filzstift

[125] Nachzeichnung, Durchpause zum Verkündigungsengel, Kathedrale Reims, ca. 1240; Figur aus einem Sportjournal; zeichnerische Umgestaltung, Variation; Ergebnis einer Serie von zunächst verworfenen Entwürfen, Versuchen

[126] Einzeichnungen in die Reproduktion einer römischen Skulptur

[127] Illustriertencollage und (türkisgrüne) Wasserfarben im Hintergrund

[128] Verwendung der Narren-Karte aus dem Aleister-Crowley-Tarot, ferner eines Ausschnitts aus Frank Ruddigkeit: *Meister Heyne* sowie von Bildmaterial aus dem Internet; Collage, Einzeichnungen mit schwarzem Tinten- bzw. Filzstift

[129] Brücke IX: Winterbrücke, Gemälde von Julia Prejmerean-Aston, 105 cm x 150 cm, Mischtechnik auf Leinwand. Abdruck mit freundlicher Genehmigung der Künstlerin

[130] Hafen II, Gemälde von Julia Prejmerean-Aston, 200 cm x 160 cm, Mischtechnik auf Leinwand. Abdruck mit freundlicher Genehmigung der Künstlerin